【編著】後藤一彦
菅原健次
古家 眞

イラストとカードで見る水泳指導のすべて

東洋館出版社

はじめに

　平泳ぎで、オリンピック2種目2連覇の偉業を成し遂げた北島康介選手の泳法の工夫は、すでに完成に近い美しい伸びのあるキック力に加えて、腕のかきの力を強化し、車の世界で言う四輪駆動にすることにありました。競技界の技術や、トレーニング理論は絶えず進化・発展しています。

　一方、学校における水泳指導は、人々の健康や豊かなスポーツライフにつなぐ生涯水泳の立場から、生命保全を視野に入れ、学習指導要領に基づき、教育としての体系化が図られてきました。泳法の内容としては、小学校においてはクロールと平泳ぎを中心に据え、背泳ぎ等を加えて指導されてきたと概括できます。しかし、具体的な指導方法となると、必ずしも共通の方法で行われてきた訳ではありません。それは、これまでも初歩指導に背泳ぎや、ドルフィン・あおり足の平泳ぎを導入する例や、初歩指導において個に応じ習得しやすい泳法を選んで指導する「マルチストローク」と呼ばれる指導法が提唱されたり、水中浮遊の活動や、リズム水泳、水中ボールゲームなどの楽しいスポーティブな水中活動を取り入れようとする「スポーティブスイミング」の考え方、着衣泳や水辺の活動を内容に取り込もうとする「アクアティックスポーツ」と呼ばれる体系の提唱に見られます。また、新しい小学校学習指導要領解説において、3・4学年の「浮く・泳ぐ運動」の内容として、「呼吸をしながらの初歩的な泳ぎ」が示され、それは、呼吸をしながらのばた足泳ぎやかえる足泳ぎなど、クロールや平泳ぎなどの近代泳法以外の泳ぎであると解説されていることにも見られます。

　そこで、本書は、これら水泳指導の概念の広がりに視野を向けながら、新しい学習指導要領が示す学校教育としての趣旨・内容を踏まえ、学校現場での水泳指導の方法を体系的、具体的に示すことを編集の基本とし、特に、下記のことに留意するよう心がけました。

①学校での水泳指導は、学級や学年などを単位とし、集団で行われることを前提とする。したがって、多様な個性や能力をもった児童が同時に学習する形態で展開されること。また、指導者も複数である場合が多いことを視野に入れた編集内容とすること。
②学校教育の一環としての水泳指導であり、技能習得をはじめ、課題達成能力や、人間関係調整能力などの教育課題や学習指導要領の内容を身に付けさせることに役立つこと。
③安全指導、施設・設備・用具の安全点検、健康の指導・管理を重視すること。
④指導案の構成や作成手順を図表や絵図で構造化しコンパクトに示したり、授業展開中の指導活動を絵図や、吹き出しで分かりやすく示し、授業モデルとして示すこと。

　最後に、本書の作成に当たり御執筆頂いた先生方、並びに編集の創意・工夫をして頂いた東洋館出版社の近藤智昭氏に、厚く謝意を表します。

本書の特徴と主な構成

1. 本書の特徴

(1) 内容構成の特徴

　学校での水泳指導の考え方や、授業の進め方、事故防止、健康管理、施設管理等、水泳指導のすべてを網羅しました。
　絵図を多くし、見たいページがすぐに開ける便覧として使いやすく編集しました。

(2) 授業の進め方のページの特徴

　授業の構成を3つの要素でシンプルにまとめました。指導のポイントを書き加え、「授業モデル」として、図解により分かりやすく示しました。

(3) 新しい情報

　新しい学習指導要領の内容や、最近開発された学習活動例による展開や、オノマトペ(擬態語など)による指導言葉を織り込みました。

> **❗ 新・学習指導要領の水泳の要点**　　　　　　　　　　　　　　　(本書P.11参照)
> ①5年生からの水泳指導開始(低学年では水遊び、中学年では浮く・泳ぐ運動)
> ②その理由:中学年での泳力達成度が低い
> ③3~4年での指導のポイント:用具や補助具を使った泳法の基礎の確実な習得

2. 本書の構成　　次の3つの章により構成されています。

(1) 水泳指導の基礎理論・安全編

・学校水泳の特質、ねらい・内容、技能の系統
・指導案のモデル、指導上の留意点
・事故防止・衛生管理上の配慮事項
・施設・設備・用具管理のポイント

などの水泳指導の基本事項を徹底解説しました。
　安全については、事故防止徹底の立場から、プールの約束、協力指導体制、施設・設備の安全管理、家庭通知文等の家庭の協力を得る手立て、AEDの操作等の救急措置について具体的に示しました。

(2) 各学年における指導の展開編

5つの骨組みで授業をつくり、単元計画、展開案をシンプルで分かりやすく示しました。

①授業展開の3つの基本要素
- ◎「めあて」のもたせ方
- ◎学習活動(練習)の内容
- ◎場づくり(学習集団の編成と、補助用具やプールの使用方法)

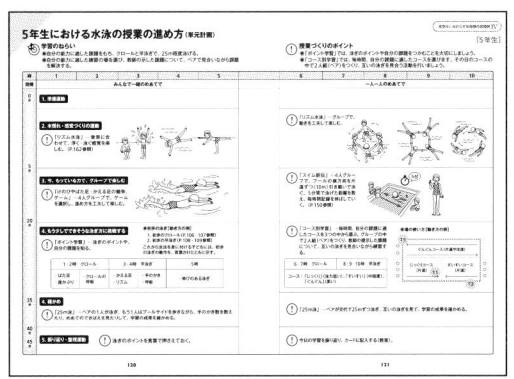

各学年における単元計画例

②2つの視点(学習の流れと教師の役割)
- ◎学習過程(基本的に2段階による45分の展開と単元の流れの提示)
- ◎指導活動(教師の指示、指導、助言、評価、賞賛・承認・励まし等の具体例)

これらの5つの点を授業の骨組みとして、なにを・いつ・どのように指導すればよいかをコンパクトにまとめ、「授業モデル」として示しました。

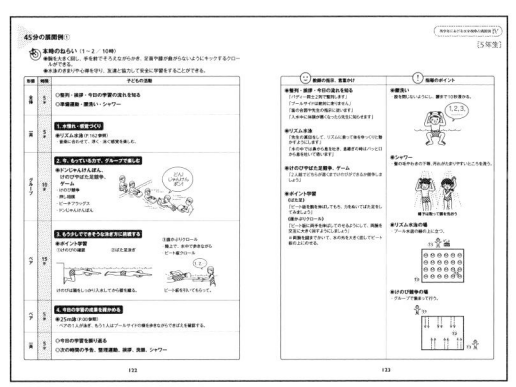

各学年における45分の展開例

(3) 水泳指導のポイント・参考資料編(カード、コピー教材資料、評価規準例)

詳しい情報や参考資料は、低・中・高学年の各章末及び巻末に示しました。

学年別の内容としては、例えば低学年では「水を怖がる子の指導法」、中学年では「かえる足の指導」、高学年では「呼吸法の指導」等について解説を加えました。また、学年別の「評価規準」の例を掲載しました。

「指導の課題別の情報・資料」としては、「水泳指導時の気温、水温、風雨」「水泳カードの例」等の資料を掲載しました。

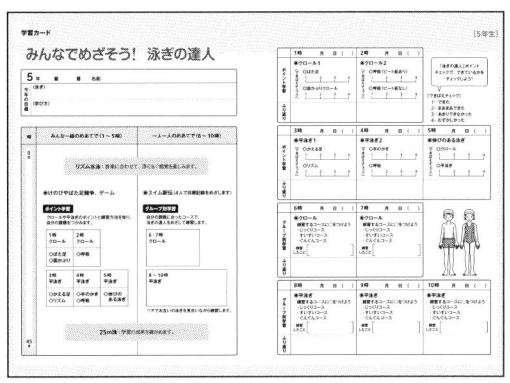

学習カード

以上の内容構成を把握された上で、目次を参照し、目的に応じたページを御覧ください。ページによっては、そのままコピーして使えますが、学校の実態に応じて手を加えて、活用することも可能です。

イラストとカードで見る　水泳指導のすべて

contents

はじめに 1
本書の特徴と主な構成 2

プロローグ　水泳指導の基礎理論　7
　1　水泳の魅力・特性 8
　2　水泳の技能の系統 10
　3　新学習指導要領における水泳のねらい・内容 11
　4　水泳授業の設計と展開 12
　5　学校における水泳指導者の心得 13

Ⅰ　安全に水泳を指導するために　15
　1　水泳事故防止に関する心得 16
　2　水泳指導の安全と健康の管理について 17
　3　指導の流れの例 21
　4　児童の安全管理　−水泳の約束− 22
　5　諸情報の活用 23
　6　プール関係施設面での安全管理 25

Ⅱ　低学年における水遊びの指導の展開例 [1年生・2年生]　29
　1年生における水遊びの授業の進め方〈単元計画〉 30
　　45分の展開例 32
　2年生における水遊びの授業の進め方〈単元計画〉 40
　　45分の展開例 42
　※低学年の資料 [1年生・2年生] 51

Ⅲ 中学年における浮く・泳ぐ運動の指導の展開例 [3年生・4年生] ... 69
3年生における浮く・泳ぐ運動の授業の進め方〈単元計画〉 ... 70
45分の展開例 ... 72
4年生における浮く・泳ぐ運動の授業の進め方〈単元計画〉 ... 80
45分の展開例 ... 82
※中学年の資料 [3年生・4年生] ... 91

Ⅳ 高学年における水泳指導の展開例 [5年生・6年生] ... 119
5年生における水泳の授業の進め方〈単元計画〉 ... 120
45分の展開例 ... 122
6年生における水泳の授業の進め方〈単元計画〉 ... 130
45分の展開例 ... 132
※高学年の資料 [5年生・6年生] ... 141

Ⅴ こんな時はどのように指導する？ ... 165
水を恐がる子の指導 ... 166
水に浮かない子への指導 ... 168
水泳が苦手な子への指導 ... 169
背浮きの指導 ... 170
背泳ぎの指導 ... 171
スタートの指導（高学年） ... 172
着衣泳の指導（中学年） ... 174
着衣泳の指導（高学年） ... 176

編著者・執筆者紹介 ... 178

プロローグ

水泳指導の
基礎理論

1. 水泳の魅力・特性

　そもそも、人間は、なぜ水に入り、水の中で泳ぐのか？　また、人間はなぜ、水泳を学習しようとするのでしょうか？
　まず、その根源に立ち戻って考えてみることが、水泳のもつ独自の魅力・特性を明らかにし、水泳指導が、何を目的とし、何をどのように身に付けさせればよいのかを方向付ける原点と考えられます。

(1)「人間は、なぜ水に入り、泳ぐのか？」

　人間が、川や海、湖沼に入るのは、魚介、海藻類などを得るためであったのでしょう。
　これは、生命保持、個体保存の欲求に根ざした行為です。
　ここに、人が水とかかわる原点があると考えて不思議はありません。より多くの漁獲を求めて潜水したり、水中を進む技術として「泳ぎ」を生み出したことは、想像に難くありません。
　すなわち、生命保持に不可欠な漁労の営みを安全・合理的に行う能力として、口や鼻に入った水の処理の仕方をはじめ、浮き身、呼吸法、腕や足の動きなどの運動感覚や動きが工夫され、累積された結果、技能が生まれたものと考えられます。
　他方、「斎戒沐浴」という言葉がある通り、水は古来、清浄を意味し、しばしば儀式にも用いられます。
　それはやがて、気温が高い時に水に入る清涼感とあいまって心地よさや癒し、楽しみを伴う水辺の遊びへとつながり、発展してきたのではないでしょうか？

(2)「人間と水との関係に水泳の魅力・特性の原点を求める」

　このように「人と水とのかかわり」を人間の根源的な欲求に根ざすものとして捉えた時、それは古今を通じ、変わることなく、今日のスポーツや体育、運動療法などに連綿としてつながっています。

①スポーツとしての水泳やマリンレジャーに楽しさや感動を求めることは、「水辺の遊び」に楽しみや、心地よさを求めたことと、根を同じにしている。
②水中療法や、ウォーター・エクササイズなどに、健康や癒しを求める心理的契機も、古来からある生活の安寧を求める風習としての「水中沐浴」に通ずる。
③水中における合理的な動きを工夫した結果として、口や鼻に入った水の処理の仕方をはじめ、浮き身や、呼吸法、腕のストローク、足のキック、リラクゼーションなどの運動感覚や技能が文化遺産として伝達され、オリンピック記録は、なお更新され続けている。
④生産や生活における水とのかかわり方について、その楽しさとともに危険への感性・知識・態度などを安全能力として身に付ける必要性は、今も昔も重視される。

　これらはすべて、人間の生存と生活、文化享受の上で、昔から変わらぬ自然で必然的な水泳の属性であり、水泳の「特性」や「学習内容」を導く原点と考えられます。

そして、人間だけが「学習しないと泳げない、生命が守れない」生物であり、それ故にヒトだけが、水にかかわる進んだ運動文化をもち得たと言えましょう。

(3)「人間と水・水泳との関係から構想される水泳指導の体系」

前項で述べたように、水泳の特性を人間と水との関係から捉えた上で、今日のスポーツや、レクレーション・健康活動などの様相とも照らして、学校の水泳学習で学ばせたい内容を整理すると、下記の3つに体系化できます。

この内容は、スポーツとしての水泳に止まらず、安全教育や健康の保持増進にもわたる広がりのある体系として捉えておく必要があります。

①水中安全教育的内容

- 水の特性（水圧、冷感、抵抗、浮力）に慣れる遊び・運動
  （流れるプール、大嵐、ボビング、バブリング、浮き板遊びなど）
- サバイバル能力としての着衣泳、浮き身、立ち泳ぎ、ライフベストやバディシステムの実体験
- 安全教育としての「水泳の心得」

②生涯スポーツにつなぐ内容

- 基礎泳法としての近代泳法（4泳法、時間泳、距離泳など）
- 水辺活動（臨海水泳、シュノーケル、スキンダイビング、カヌー、釣り）
- 水中ボールゲーム（水中ポートボール、水中タッチラグビー、水球）
- シンクロナイズドスイミング（水中表現運動）

③健康教育的内容

- 健康増進や水中療法としての水中エクササイズ、リズム水泳、水中散歩、トーイング
- 「保健」や「水辺活動」と関連した環境教育（自然環境保護）

また、この考え方は「アクアティックスポーツ」（筑波大学、椿本）の概念にも見られ、その体系は、図1のように示されています。

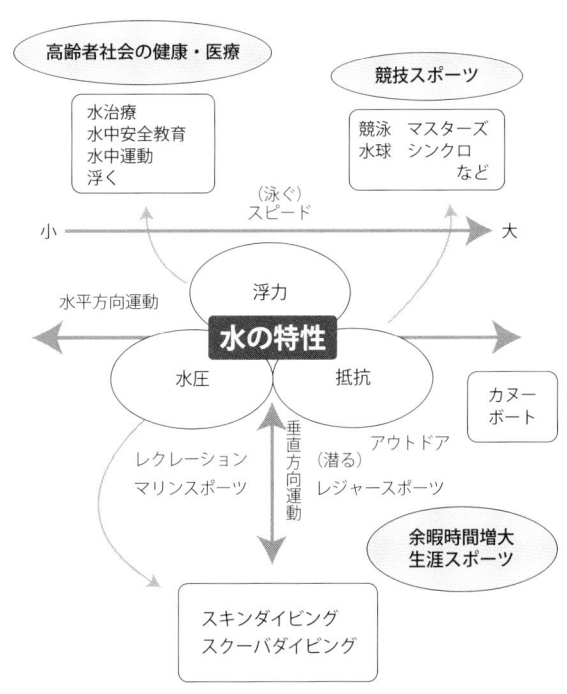

図1　水の特性とアクアティックスポーツの関係

(4) スポーツの機能的特性論から見た水泳の特性

これまでに、水泳の特性が人々の欲求によって方向付けられてきたことについて述べてきました。運動がどのような欲求を充足する機能をもっているかとの視点から特性を分類する考え方として、例えば「機能的特性論」があります。

この「機能的特性論」に立って、水泳をスポーツとしての側面から見ると、水泳は、「競争、達成、克服、模倣」の4つの欲求のうち、「克服的欲求」を充足する機能をもつスポーツとして分類されてきました。「克服的スポーツ」とは、「自然や人工的な障害物を克服することに楽しみが得られるスポーツ」と定義されます。

しかし、水泳の初心者にとっては、克服的スポーツではあるが、技能が向上するにつれ、距離や時間、フォームなどの課題に挑戦し、その達成に楽しみを求める「達成型」や、競争を楽しむ「競争型」に変化する経過をたどることが多々あります。

文脈を逆にして言えば、スポーツとしての水泳の特性は、泳ぎの距離や速さについて自己の記録を伸ばしたり、他者と競い合ったりする「達成型」及び「競争型」の個人スポーツであるのですが、その前段階として水という物理的障害を克服することを課題とする「水に慣れる、浮く、進む」までの段階があると言えるでしょう。

「達成型」は、主として高学年からの展開となりますが、「速さ」への挑戦よりも、「距離」への挑戦を先行させる方が、腕のストロークなどの基本的な動きを確実に身に付ける点からも、体力的な負担過重を避ける点からも無理がなく、この点から、25mが泳げるようになってすぐにスピードに挑戦させることは避けるほうが合理的です。

また、「競争型」では、慎重を期する必要があることを付け加えておきます。すなわち、小学校での競争的扱いは、発達段階的に「自己の能力に適した課題をもって運動する趣旨」に整合しにくい場合が多いと言えます。

2. 水泳の技能の系統

観点＼運動の内容	水遊び	浮く・泳ぐ運動	水泳
ねらい	・陸上での遊びをそのまま水中にもち込む ・足が水底についている	・水に浮いたり、自力で進んだりする	・呼吸しながら、自力で進む
中核の課題	・心身のリラクゼーション（水の冷感、圧力、抵抗、浮力に慣れる）	・基本姿勢：頭を起こさないこと（足が水底から離れる）	・基本姿勢を崩さず、足・手・呼吸の動作をつける
活動内容	・歩く・走る ・水かけ・伏せ面 ・しずみっこ	・浮き方・立ち方 ・けのび ・ばた足泳ぎ	・クロール・平泳ぎ ・（背泳ぎ）
運動のポイント	・おそるおそる →リラックスしてできる	・顔を浸ければ浮くことの体得 ・進むための手足の動きの体得	・かえる足：土踏まずで蹴る ・クロール：腹の下を腿までかく

3. 新学習指導要領における水泳のねらい・内容

(1)主な変更点

5学年が水泳指導開始の学年となった。

理　由：4学年の泳力達成度が低いことから、4学年までに、泳法の基礎の確実な習得を図る必要があるとの指摘がある。

指導例：①水にもぐったり、けのびをしたり、用具・補助具を用いて浮いたり、進んだりする遊び・活動をいろいろなバリエーションを工夫したりして十分に経験させる。②全身の力をぬき、体を水に預けて浮いたり、ゆっくりとした確実な動きで水を後ろに押しやるようにして、腕をストロークしたり、ばた足を打ったりするなどの運動感覚を十分に養う。

(2)新旧学習指導要領における水泳の内容比較一覧

	1学年	2学年	3学年	4学年	5学年	6学年
新 (平成20年)	水　遊　び		浮く・泳ぐ運動		水　泳	
	水に慣れる遊び 浮く・もぐる遊び		浮く運動		クロール	
			泳ぐ運動		平泳ぎ	
旧 (平成10年)	基本の運動				水　泳	
	水　遊　び		浮く・泳ぐ 運動		クロール	
					平泳ぎ	

(3)学年別ねらい・内容の一覧

1・2学年	水遊び	①次の運動を楽しく行い、その動きができるようにする。 　ア　水慣れ遊びでは、水につかったり、水中を移動したりすること。 　　例示：水につかってのまねっこ遊び、水かけっこ、電車ごっこ、リレー遊び、鬼遊びなど。 　イ　浮く・もぐる遊びでは、水に浮いたり、水中で目を開けたり息を吐いたりすること。 　　例示：壁や補助具につかまっての浮く遊び、水中ジャンケン、バブリング、ボビングなど。
		②運動に進んで取り組み、仲良く運動をしたり、水遊びの心得を守って安全に気を付けたりすることができるようにする。
		③水中での簡単な遊び方を工夫できるようにする。

3・4学年	浮く・泳ぐ運動	①次の運動を楽しく行い、その動きができるようにする。 　ア　浮く運動では、いろいろな浮き方やけ伸びをすること。 　　例示：伏し浮き、背浮き、くらげ浮き、け伸びなど。 　イ　泳ぐ運動では、補助具を使ってのキックやストローク、呼吸をしながらの初歩的な泳ぎをすること。 　　例示：ばた足泳ぎやかえる足泳ぎなどで呼吸しながら進むことなど。
		②運動に進んで取り組み、仲良く運動をしたり、浮く・泳ぐ運動の心得を守って安全に気を付けたりすることができるようにする。
		③自己の能力に適した課題をもち、動きを身に付けるための活動を工夫できるようにする。

5・6学年	水泳	①次の運動の楽しさや喜びに触れ、その技能を身に付けることができるようにする。 　ア　クロールでは、続けて長く泳ぐこと。 　　例示：25～50m程度を目安にしたクロール。 　イ　平泳ぎでは、続けて長く泳ぐこと。 　　例示：25～50m程度を目安にした平泳ぎ。
		②運動に進んで取り組み、助け合って水泳をしたり、水泳の心得を守って安全に気を配ったりすることができるようにする。
		③自己の能力に適した課題の解決の仕方や記録への挑戦の仕方を工夫できるようにする。

4. 水泳授業の設計と展開

　スポーツとしての水泳は、その初歩の段階においては、水の中にしずんだり、浮いたり、自力で進んだりすることができるようにすることが課題となる「克服型スポーツ」であり、技能が向上するに連れて距離や時間への挑戦を課題とする「達成型スポーツ」となることは、すでに前項で述べました。
　いずれにしても、「できるようになる」ことが、水泳学習の大きな課題であり、これなくして、運動の楽しさは味わえず、安全能力も身に付けることは難しいでしょう。となれば、その指導は「できるようにする」ための「モデル」として構想されることが求められます。水泳の学習指導では、「技能向上型モデル」として授業を設計し、指導活動を展開することが大切です。
　そのような立場から、授業をどんな要素を、どのような手順で、どのように構成したらよいのか。授業の設計や展開を分かりやすく示したものが、次に示す「授業モデル」です。

(1) 水泳の授業モデル（授業構成の骨組みと手順）

　まず、次の3つの基本要素について方針を立てます。

①めあて		一人一人の児童に、どのような具体的めあてをもたせるのか。
②学習活動		めあての達成をめざすために、どのような活動(練習)を行うのか。
③場づくり	学習集団の編成	全員一斉の活動か、個人か、グループか(等質グループか・異質グループか、グループの数、1グループの人数)。
	プール使用の工夫	プールをどのように区画し、どこで・どのような活動を行うのか。

　次に、下記2つの視点を加え、授業を構成し、指導案を作成します。

④学習の流れ	上記①～③の基本要素（めあて・活動・場づくり）が45分の授業や、単元の流れに沿ってどう変化するのかを示す。基本的に2段階の学習の流れとし、段階に即しためあて・活動・場づくりを構成する。
⑤指導活動	教師が、どの場面、どんな状況に、どのような指示・指導・助言・支援を行うのか。

[学習の流れのひな形]

①～⑤の5つの要素を授業の骨組みとして、なにを・いつ・どのように指導すればよいかを単元計画や展開案に具体化し、授業モデル（母型）と呼ぶこととします。

5. 学校における水泳指導者の心得

　教育の具体的成果を握っているのは教師です。そこで、楽しく・安全で・児童が喜ぶ水泳指導のための指導者心得を下記に示します。

(1)「一に安全！」
"だろう、よかろう事故のもと、安全はきめ細かな指導と管理から"

①泳げる児童であっても浅い所で溺れる場合があることを知っておくこと
　ア　腰くらいの浅い所でも倒れれば、低学年児童では手が水底につかないから、呼吸ができず窒息する。
　イ　ノーパニック症候群
　潜水等無理な息こらえをすると、血液中の酸素濃度が低下し意識を失う。特に、深呼吸を繰り返し行ってから息こらえをすると、呼吸の飢餓感なしに、血液中の酸素濃度が低下し、苦しみ・もがくことなく突然意識を失い、周囲が気づかないまま溺れる危険性がある。

②健康管理に万全を期す
　ア　水泳実施日の体温・体調の把握を家庭の協力を得て確実に行う。
　イ　入水開始時や、入水中の健康観察を心がける（特に、唇の色、体の震え、不自然な動き）。

③危険が予測される行為の禁止、制限を厳格に行う
　ア　スタートは、水中からのスタートを指導するものとし、教師の指導時以外は禁止する(頸椎損傷事故防止)。
　イ　プールサイドは、ノーランニング(転倒、頭部打撲事故防止)。
　ウ　潜水や長く息をこらえた泳ぎ（ノーブレッシング）を禁止する（ノーパニック症候群防止）。

水泳の重大事故

①溺水
・浅くても手がつかなければ、溺れる（水位が腰を越えると浮力で不安定になる）。
・大きなマットで船遊び中、マットの下にもぐり込み、窒息した事故例がある。
・排水口や浄化槽吸水口に足などが吸い込まれる事故（指導・監視の瑕疵）。

②頸椎損傷
・児童は、黙っているが、水底に頭、唇などをぶつける事故は頻発している（指導の瑕疵）。水中からのスタートでも要注意。

③ノーパニック症候群
・25mのタイムを縮めようとノーブレッシングで泳ぎ、泳ぎきったら意識不明となる事故例がある（指導の瑕疵）。

④失明
・児童がプール入水中に塩基性の滅菌薬を教師が散布し、高濃度薬剤が目に入ってしまった事故（指導・管理の瑕疵）。

④**人員点呼をきめ細かく、効率的に行う**
　ア　入水中や退水時のバディシステムの活用。

⑤**施設・設備の安全点検を怠らない**
　ア　浄化装置の吸い込み口や、排水口の保安対策工事の状況確認は、プールに注水される前の時点で複数の関係者の立会いの下、チェックポイントを押さえて確実に行う。
　イ　太陽熱射の強い日のプールサイドでの足裏の火傷、ガラス破片等の危険物による怪我などの防止に配慮する。

(2)「二に指導！」
"児童が「ヤッター！」、保護者が「よかった！」と思える指導をみんなで進める"

　集団での学び方を学ばせ、児童一人一人に個性・能力に応じた「技能」や「安全能力」を確実に身に付けさせ、達成感をもたせることが教師の役割です。

①技能の系統性や指導の順序性、技能段階の設定などを学校として明確にし、児童が自分に合っためあてをもって学習に取り組み、めあてが達成できるようにする。

②ペアやトリオ、課題別グループ等、学習グループの編成やプールの使用方法及び、児童の協同的な学習態度の指導など、集団による学び方が成立するための指導を意図的に行う。

③指導を行う指導者一同が、指導内容・方法を共通理解して協同指導する体制を整える。

④指導中に、課題未達成の児童や、課題を十分に達成している児童の評価を行うとともに、達成状況に応じた指導の個別化・適正化に努める。
　特に「水泳の苦手な児童」には、温かく適切な教師の働き掛けや、楽しい学習活動、安心し、安全に学習できるような活動の場の設定について配慮する。

⑤学習規律の浸透を全校で図る。
　プールは、教室にくらべ開放的空間であり、水に入るという特別な環境である。児童は開放的な気分になり、ともすると、教師の指示等が徹底しない場合もある。
　そこで、整列・集合などの集団行動、笛の合図等の約束を学校として統一・徹底し、事故防止と、学習への集中を各学年共通の内容として指導する。

⑥プールを計画的・組織的、有効に使う学校体制を整える。
　プールは、通常、1校に1つしかない施設である。しかも、季節や天候、気温、水温等の条件により使用の可否が左右されたり、使用学年による水位の調節が必要となるなど、運用の上で配慮すべきことの多い施設です。
　そのため、全校で、年度毎の各学年の到達目標、指導時数の計画を明確に定めるとともに、1週間の学年(級)使用割当てや、天候不順時の指導実施か否かの判断などを的確に行い、各学年で無理・無駄・ムラなく、効率的に使えるようにすることが大切です。

I

安全に水泳を
指導するために

水泳は、泳ぐことのできる児童にとっては楽しい活動です。しかし、泳ぎの経験が少ない児童にとっては、不安感や恐怖心を伴う活動であり、また、水中では呼吸ができないことやプールサイドにおける転倒による事故、スタート時に水底に頭部等を激突させる事故など、一歩誤れば生命を失うことにもなりかねない危険が潜んでいます。したがって、プールでの安全に関する約束を周知徹底し、安全な行動がとれるよう繰り返し指導するとともに、児童一人一人が水の危険性を理解し、自ら生命を守ろうとする気持ちをもたせ、危険に対する予知能力を身に付けさせることが大変重要です。また、着衣のままで水に落ちた時など、事故に遭遇した際の知識や技能を身に付けておく必要もあります。まして、排水口に吸引される事故などプールの構造や付属施設、設備の管理の瑕疵による事故など絶対にあってはならないことです。以下に安全に関する様々な注意事項を述べます。

　なお「水泳事故防止に関する心得」は、平成16年3月に文部科学省が示した学校体育実技指導資料第4集『水泳指導の手引き』(二訂版)の78、79頁に記された「水泳における安全指導」から抜粋したものです。事故防止の基盤になる指導内容として受け止めてください。

1. 水泳事故防止に関する心得

(1) 学習指導要領『内容の取扱い』

　「水遊び」「浮く・泳ぐ運動」及び「水泳」の指導については、適切な水泳場の確保が困難な場合には、これらを取り扱わないことができるが、これらの心得については、必ず取り上げること。

(2) 態度の内容：事故防止にかかわる安全への配慮等

①1・2年…水泳プールのきまりや水遊びの心得を守って安全に水遊びをする。
②3年…水泳プールのきまりや浮く・泳ぐ運動の心得を守って運動をする。
③4年…水泳プールの使用のきまりや水泳の心得を守り、安全に水泳をする。体の調子を確かめながら水泳をする。
④5・6年…水泳プールのきまりや水泳の心得の必要性を理解し、安全に水泳をする。体の調子を確かめながら水泳をする。着衣のまま水に落ちた場合の対処の仕方については、各学校の実態に応じて取り扱うことができる。

(3) 一般的な『水泳の事故防止に関する心得』

(1) 水泳を行う前に
①爪を切ったり耳あかをとったりするなど体を清潔にしておく。
②体の調子を確かめてから泳ぐ。
　◎健康を害している時、空腹時や満腹時、疲労を感じる時などは差し控える
③危険な場所では泳がない。
④1人では泳ぎに行かない。

(2) 水泳を行う時に
①準備運動や整理運動をしっかりと行う。
②水に入る時は、徐々に入る。
③プールなどの水泳場での注意事項を守って泳ぐ。
④場所や時間など自己の能力に応じて泳ぐ。
　◎疲労を感じたら早めに休憩をとる
⑤スタートを行う時は、水深や水中の危険物の有無などを確かめる。

(3) 水泳を行った後に
①シャワーをしっかりと浴び、体を清潔にする。特に、洗眼やうがいなど。
②想像以上に体が疲れているので十分に休養をとる。

(4) 溺れている人を見つけた時に
①大声で近くの大人に助けを求める。
②竿や浮き具などを用い、泳がずに救助する方法があることを知る。
③児童にできる救助法。
　◎泳がないで溺者を救助する方法
　　・身辺の物品を利用しての救助
　　・素手による救助

2. 水泳指導の安全と健康の管理について

(1) 準備運動

①運動量

　児童の身体の状況をよく観察し、気象条件を考慮しながら適宜運動量を変えるべきであり、長時間激しい運動をさせることは避けましょう。例えば、盛夏の暑い最中で発汗の著しい時には、体温を高めるための運動は不要です。逆に、気温の低い場合には、身体が温まる程度の運動量にするなどの配慮が必要です。

②**内容**

　身体のすべての部分の屈伸、回旋、捻転などを取り入れた運動を行い、関節の可動性を増すような運動、筋肉を十分伸ばすような運動、筋肉をリラックスさせるような運動などに加え、平泳ぎの腕・足の動作、クロールの腕の動作などの動きを取り入れるといった工夫も必要です。

③**留意事項**

　準備運動は、心臓から遠い部分の運動から始め、簡単なものから複雑なものへ、最後は呼吸運動で終わるという手順が一般的です。また、動作がリズミカルになるように、動きに緊張、弛緩、速さなどの変化をつけたり、号令にも強弱をつけて行うようにします。

(2)人員点呼が迅速に行えるように指導する

　事故を未然に防ぎ、事故を早期に発見するためには、人員点呼が重要な手だてとなります。人員点呼は、人数の確認だけでなく、顔色、動作などから健康状態を観察するというねらいがあることを忘れてはいけません。したがって、笛の約束や行動様式を徹底し、入水前、指導の展開の途中、退水後に、絶えず迅速かつ正確な人員点呼を実施する必要があります。

①**方法**

　水泳ではバディシステムによる方法が一般的です。しかし、それだけに頼るのではなく、退水後には、点呼を併用することが望ましいでしょう。

②**バディシステム**

　2人1組をつくらせ、互いに相手の安全を確かめさせる方法のことで、事故防止のためだけではなく、学習効果を高めるための手段としても効果的です。

　具体的には、教師の笛の合図と「バディ」という号令があった時、互いに片手をつなぎ合わせて上げさせ、点呼をとる方法が一般的です。バディシステムによる場合、単に手を組ませることにねらいがあるのではなく、「組数を数えること」「その数を記録しておくこと」「表情や動作を観察すること」などが必要な事柄です。

　また、相互に相手の表情・動作について観察し、異常があったら直ちに連絡するように指導することを忘れてはなりません。

③**バディの組み合わせ**

　バディシステムは、安全を確かめ合うことだけが目的ではなく、互いの進歩のようすを確かめ合ったり、課題を矯正する手助けとなることもねらいとしています。そのことに加え、互いに助け合ったり、人間関係を深め合うこともねらいとしているので、その組み合わせには、十分な配慮が必要です。泳力という視点からは、その程度が同じくらいの子を組み合わせることが効果的です。

④**方法**

◎名簿等を使って呼名点検により迅速かつ正確な人員点呼を行う
◎バディシステムを活用する(2人で手をつなぎ番号を2人で唱えていく)
　T:「バディ!」
　C:「イチ」(2人でつないだ手を上げる)「ニ」「サン」「シ」「ゴ」…

⑤ポイント
  ・安全を確かめ合う   ・ペア学習による学び合いを通して学習効果を高める
  ・相手の体調等に気づく ・人間関係を深め合う

(3)練習時間と休憩
①練習時間
　練習時間は、年齢、能力及び学習内容等のほか、水温、気温、風力、日照などの気象条件を考慮しながら決定しなければなりません。したがって、適切な時間を具体的に示すことは難しいのですが、低学年や初心者を対象とするときには、1回の入水時間について、十分配慮する必要があります。その際にも、体力や泳力の低い者を基準にして、絶えず顔色、動作についての観察を忘れてはいけません。

　児童にせがまれて安易に時間を延長することがあってはなりません。また、雷雨、光化学スモッグの予報があるような場合には中止することを考慮する必要があります。

②休憩
　休憩時は、疲労の回復に努めさせることが原則ですが、事故防止の心得や救助法、あるいは、学習上の問題点についての指導の場面とすることもできます。

　盛夏の暑いときや紫外線の影響が強いと考えられるときには、タオルで身体を覆わせたり、Ｔシャツを使用したり、休憩テントの中で待機させたりするような配慮も必要です。反対に、気温や水温が低い場合には、衣服を着用させたり、暖をとるための運動、水泳の陸上練習などを取り入れる工夫が必要です。

(4)監視
　指導者と学習者相互による安全対策のほか、特に、夏休み中の水泳指導や自由学習の時間の水泳では、専任の監視係を設けることを考慮するとともに、監視担当者は、監視の場所、要点などについて事前に検討し、十分確認する必要があります。

①監視の位置
　水面上はもちろんのこと、水底にも視線を向け、水深が急に深くなるような部分や、水面がぎらぎら反射するような部分には、特に注意することが必要です。また、プールの安全使用規則を無視する者には、直ちに注意を与えることなど、具体的な監視の要点について検討する必要があります。監視に必要な物品、例えば笛、メガホン、救急用具等を用意しておくことも大切です。

②役割分担
  ・指導者　・監視員　・救助者　・緊急連絡係　・児童誘導係

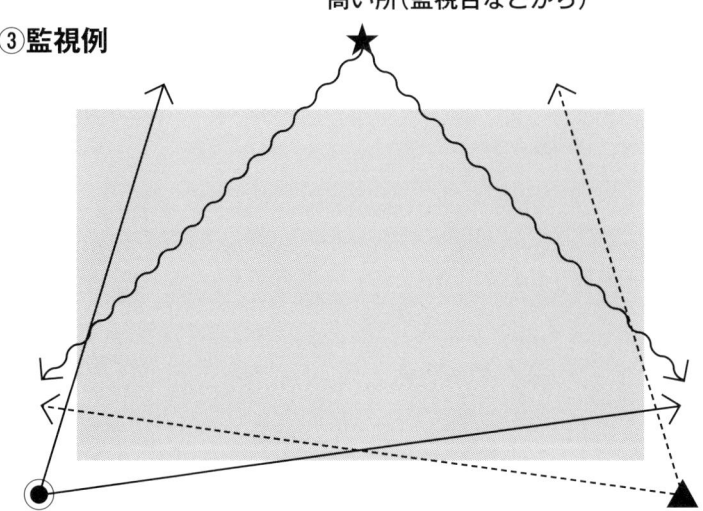

③**監視例**

高い所(監視台などから)

①死角をつくらない
②発育・発達、泳力の状況に応じた監視体制
③入水時、退水時の確認を確実に行う
④監視台を用いるなど、高い所から監視する工夫
⑤緊急時の対応について、役割を明確にしておく

(5)事故発生時の連絡体制例

①救助者→溺者をプールから救助→心肺蘇生(AED)→救急隊へ
②緊急連絡係→直接119番、職員室から119番→救急隊
　　　　↓
　　　養護教諭←→管理職←→教育委員会
③児童誘導係→他の児童への指示
④担任→保護者

(6)共通理解すべきこと

　水泳指導を行うには、児童の能力等を踏まえた指導計画だけでなく、当日の環境条件等にも十分に留意し、指導者全員の共通理解を図った上で、安全に関する様々な注意を払う必要があります。

①水温と気温

　低学年や初心者ほど水温に敏感で、一般的に22℃未満ではあまり学習効果は期待できません。文部科学省作成の『水泳指導の手引き』(二訂版)では、23℃以上であることが望ましく、高学年であっても22℃以上の水温が適当といえます。水温と気温の差は、水温が若干低くても気温が高ければ不快感は少なく、反対に水温が高くても気温が低ければ快適ではありません。いずれにせよプールを使用するかどうかについては、対象者の学年、能力、水温、気温、学習内容などを考慮して判断することが、指導の能率と安全にかかわってきます。

②水質

	学校環境衛生の基準（文部科学省通知、平成16年2月改訂）
プールの原水	飲料水の基準に適合するものであることが望ましい
水素イオン濃度	水素イオン濃度は、5.8以上8.6以下であること
濁度	2度以下であること
遊離残留塩素濃度	遊離残留塩素濃度は、プールの対角線上3点以上を選び、表面及び中層の水について測定し、すべての点で0.4mg／ℓ以上であること。また、1.0mg／ℓ以下であることが望ましい
有機物等	過マンガン酸カリウム消費量は、12mg／ℓ以下であること
総トリハロメタン	0.2mg／ℓ以下であることが望ましい
大腸菌群	検出されてはならない
一般細菌数	1mℓ中200コロニー以下であること

③雷雨、光化学スモッグ

　雷雨、光化学スモッグ注意報や警報が出た場合には対策要項に基づき、活動を中止し、校舎内に待避したりするなど、的確に判断し、行動することが求められます。

④その他

　《水着や水泳帽》・プールの底の色に対して目立つものにする
　　　　　　　　・動きやすく、乾きやすいものにする
　《ゴーグル》・目的に応じた効果的な使い方をする
　　　　　　　・安全面や管理面の指導を行う
　《タオル》・プールサイドに置き、必要な時（体が冷えた時、日差しや紫外線
　　　　　　　が強い時）にすぐ使えるようにする

3. 指導の流れの例

(1)事前準備

①水温・気温の測定 ──────────────────→《 記　録 》
②腰洗い漕に注水、消毒剤の投入 ───────────→《 記　録 》
③プール残留塩素の測定、消毒剤の投入 ─────────→《 記　録 》
④プール内の木の葉、羽虫など浮遊物の除去 ────────→《 記　録 》

(2)入水前

※入水前に必ず健康観察、水泳健康観察カードのチェックを行う。
① バスタオルをプール内のタオル掛けに掛ける
② バディシステムにより人員確認 ─────────────────→《 記 録 》
③ 準備運動
④ 足洗い漕→腰洗い漕(腰まで浸かり、「10」数える)→シャワーを浴びる
⑤ プールサイドに整列

(3)指導

① 見学者には校帽を被らせ、日陰の見学場所に待機 ──────────→《 記 録 》
② 気温、水温、日照、風などを考慮して適宜休憩をとらせ、児童の健康管理に留意する
③ 指導例 ──────────────────────────────→《 記 録 》
　・感覚づくり(リラックス水泳、リズム水泳、スイム駅伝など)
　・ポイント学習
　・ペア学習または課題別学習
　・25m泳
　・振り返り

(4)退水後

① 整理運動
② バディシステムにより人員の確認 ────────────────→《 記 録 》
③ 目を洗う→うがいをする
④ 水泳帽をとらせて、シャワーを浴びさせる
⑤ 体を拭く→体がよく拭けているかをチェックする
⑥ 再度、プール内、プールサイドの異常の有無を点検、確認 ─────→《 記 録 》

4. 児童の安全管理　－水泳の約束－

合図	① ピーーー　→始めと終わりの合図 ② ピッ、ピーー　→プールから出る合図 ③ ピッ、ピッ、ピーーー　→行っていることを止める。先生の話を聞く合図
入水前	① 爪を切り、耳あかをとっておく ② 水着に着替える前にトイレに行く ③ 水着、水泳パンツ、水泳帽をしっかりと着ける。家からはいてこない ④ ヘアピンなどは外す ⑤ 服はきれいにたたみ、更衣室のロッカーに入れる

入水の仕方	①プールサイドの上の段に立つ ②後ろ向きに立つ ③両手をつき、片足をプールに入れる ④ゆっくりと静かに水に入る ⑤プールサイドに片手を置いて、先生の方を向く
退水後	①目を洗い、うがいをする ②帽子を脱いでシャワーを浴びる。頭や体をよく洗う ③体についている水をよく拭き取ってからプールを出る
待機	①プールに向かって体育座りをするか、伏して甲羅干しをするかの指示は、指導者の指示に従う ②肌寒いと感じた時は、バスタオルを体に掛ける
禁止事項	①プールサイドは決して走らない ②悪ふざけや飛び込みをしない ③おぼれた真似をしない ④友達を無理にもぐらせたりしない ⑤勝手にプールの外に行かない
必須	①疲れたり、気分が悪くなったりしたら、すぐに近くの先生に知らせる ②腰洗い槽では、腰までしずみ、「10」数えるまで入っている ③トイレなどは先生に断ってから行く。トイレに行ったら腰洗い槽を必ず通る

5. 諸情報の活用

　水泳は、「水」という環境の中で全身を使い、水温、気温の影響を受けながら展開される運動ですので、児童の健康状態によっては事故につながりやすいということを留意しなければなりません。そのためには、水泳に適する健康状態であるかどうかを事前に確認しておくことが重要です。

(1)定期健康診断

　　水泳の適・不適の決定に当たっては、学校医との連携のもとに定期健康診断の結果を十分に活用することが重要です。定期健康診断で発見された病気のうち、水泳を行うことによって悪化すると思われるもの及び他の児童に感染させるおそれのあるものについては、事前に治療等を受けさせておくことが大切です。

(2)保健情報の活用

　　水泳の場合、健康管理上注意を要する児童に対しては、医師による検査、診断によって異常がないことを確かめておく必要があります。その場合、児童や保護者、指導者などによる保健情報は、医師による診断の際の重要な資料となります。したがって、いろいろな角度から児童の健康状態について観察することが大切です。

①保護者による保健情報
　問診票や健康カード等によって保健情報を把握することができます。問診票は、体温、食欲、睡眠、活動状況などから健康の状態が分かるように具体的な調査項目を設定します。

②学級担任や専科による保健情報の活用
　学級担任や専科教諭は、日常的に児童の健康観察を行い、健康状態を把握しています。健康カードや家庭連絡帳などで保護者から連絡を受けたり、本人の訴えや周囲の児童の指摘または授業中のようすなどにより異常が認められたら、養護教諭や学校医等と連絡をとり、水泳実施の可否を含め適切な対応をとる必要があります。

③養護教諭による保健情報の活用
　保健室は、児童の健康に関する資料を保管しているので、保健情報も数多く集まっています。そのため、児童一人一人の健康のようすを把握することができます。
　養護教諭は、水泳を実施するに当たっての様々な資料を学級担任や水泳を指導する教師に知らせ、児童の健康管理を適切に行えるように共通理解を図る必要があります。その際、プライバシーの保護には十分に留意しなければなりません。

④児童相互による健康観察
　指導が展開されていく過程はいうまでもなく、事前においても重要な意味をもちます。顔色、動作など観察しやすい項目を設けておくとよいでしょう。

(3)注意を要する児童への対応

　医師等の診断結果を最優先とし、関係者の総合的な判断によって決定するとともに、その取り扱い方を明確にしておくことが大切です。
　健康診断の結果、ある条件の下に水泳の実施が可能と判定された児童の取り扱いには、その病状に応じた運動の質と量を十分に配慮する必要があります。また、指導に当たっては、学校医等との連携を図るとともに、保護者や本人と十分に話し合う必要があります。

①心臓病、腎臓病の者(特に専門医の判断を要する)
　《参考》　財団法人日本学校保健会においては、各学校が突発的な事故を恐れるあまり、過剰な制限を加えて、当該児童生徒のＱＯＬ(生活の質、生命の輝き)を制約したり、可能な生育を妨げることがあってはならないとして、平成13年度「新・学校生活管理指導のしおり」を作成しています。

②呼吸器疾患の者(気管支炎、肋膜炎、肺結核性疾患など。ただし、喘息は除く)

③その他急性中耳炎、急性外耳炎の者

④病気直後、手術直後の者

⑤過去に意識障害をおこしたことのある者

⑥その他、プールを介して他人に感染させる恐れのある疾病にり患している者

　これらに該当した児童のうち、治療によって水泳指導までに完治してしまう児童や条件をつければ参加できる児童もいると思われるので、健康相談を通して、治療の勧告や水泳に参加するときの注意事項などをそれぞれに応じて指導しておくことが大切です。

6. プール関係施設面での安全管理

　施設・設備の環境管理の面を十分留意しなければなりません。すなわち、水泳プールは衛生的であることが必要であり、それには、プールの水質管理と施設の安全管理の両面から捉えることが重要です。

(1)プール内

①プールサイド(滑らない、異物がない)

　《清潔》…プールサイドは準備運動、陸上練習、休憩、見学など多目的に使用されます。プールサイドの汚れは、水着や身体に付着して、プールの水に混入され、汚濁の原因となるので絶えず清掃に努め、校内着用の上履きでの出入りも禁止する必要があります。
　《整理・整頓》…プールサイドではコースロープ、補助具、その他の物品が数多く置かれています。それらの物品につまずいたりして思わぬ負傷をすることもあるので、整理整頓に努めなければなりません。

②プール内

　《水温・気温、水質の検査、異物の有無、コースロープの破損》…プール周辺の土砂が風に吹き飛ばされてプールに混入したり、落ち葉や昆虫で水が汚される場合があります。土砂の混入防止策としては、フェンスやネットを使用することが多いので、外部から見渡せるような工夫が必要です。プール周辺の植樹は、樹木の種類、位置についての十分な検討が必要です。

③足洗い漕

　《水の深さ、水質》…多人数の使用や盛夏の時期には、換水の回数を多くする必要があります。

④腰洗い漕

　《水の深さ、水質》…換水の回数を多くしたり、高濃度の塩素に対して過敏な児童には腰洗い漕は使用させず、シャワー等による洗浄で代替させる等の配慮が必要です。

⑤シャワー(角度、水の出具合)

⑥排水口

　堅固な格子鉄蓋や金網を設けネジボルト等で固定するとともに、吸い込み防止金具等を設置し、いたずらなどで簡単に取り外しができない構造とします。なお、プールの水に含まれる残留塩素などにより、鉄等の表面がさびて形が崩れやすいので、特に鉄蓋等のボルトや錠の部分については、腐食の状態を十分に確認し、必要に応じて取り替えるなどの措置を徹底する必要があります。

⑦出入り口

　プールへの出入りが自由にできないようにし、金網などの点検も安全管理の面から欠いてはならない事柄です。

⑧その他　《タンカ、酸素ボンベ、救急箱》《水質検査器》

《点検表例》

✓	点 検 項 目
1	**プール本体について**
	プールサイド、プールの底や壁のひび割れ等はないか
	プールサイド、プールは清潔かつ滑らない工夫がされているか
	形状等を把握し、安全確認がされているか
	水深は、指導にあった深さに調整してあるか
	その他（ ）
2	**付属施設・設備について**
	排水口の蓋は、ネジ、ボルト等で固定してあるか
	吸い込み防止金具は設置してあるか
	循環機の緊急停止ボタンはすぐ押せるか
	腰洗い、シャワー等は、故障していないか
	腰洗い、シャワー等は、清潔かつ滑らない工夫がされているか
	その他（ ）
3	**コースロープや用具等について**
	コースロープやワイヤーなどの破損や異常はないか
	用具破損等で危険はないか
	用具等の置き方は安全か
	指導内容にあった用具を使用しているか
	その他（ ）
4	**その他**
	異物が入っていないか
	水質（遊離残留塩素濃度、水素イオン濃度など）は適切か
	スタート台がある場合には使用できない工夫をしているか
	緊急対応用の施設や機材等はあるか
	薬品倉庫等は施錠されているか
	プール日誌に記録しているか
	その他（ ）

《水泳健康観察カード》

| | 年　　　組　　　なまえ | | | | | | |

	保護者記入欄				担任記入欄		
	朝の体温	体の異常 (その他の連絡事項)	水泳の可・不可	保護者の印	実施 未実施	連絡	担任の印
月　日(　)							
月　日(　)							
月　日(　)							
月　日(　)							
月　日(　)							

【記入上の注意事項】
1. 朝の体温を必ず記入してください。
2. 睡眠不足や朝食を摂っていないことなどと合わせて、体に異常がある時には、「体の異常」欄に記入してください。体に異常がない場合は「なし」とご記入ください。
3. 朝の体温、体の異常などから水泳の可・不可を判断して、○×でご記入ください。
4. 必ず、保護者の印を押してください。
5. 記入もれや印の押し忘れなどがある場合は、プールには入れません。

《水泳日誌例》

6月25日(木)　天気(晴)								
校時	気温	水温	残留塩素	学年・人数(見学)	①指導者 ②救助者 ③緊急連絡者 ④児童誘導者	指導事項		確認事項
						①準備運動　②シャワー　③入水時間 ④学習内容 　感覚づくり→ポイント学習(共通・個)→ 　課題別学習→確かめ(25m泳)→振り返り ⑤整理運動　⑥洗顔・シャワー		①プール内 ②プールサイド ③水質 ④浄化装置 ⑤その他
3	26 ---- 28	24 ---- 24	0.5 ---- 0.6	(　)年 入水児童 (男：　人) (女：　人) 見学児童 (　　人)	①○○○○ ②△△△△ ③○○○○ ④□□□□	①(○) ②(○) ③(　)分 ④感覚づくり(リズム水泳　スイム駅伝) 　ポイント学習(　　　　　) 　課題別学習(　　　　　) 　25m泳(　　　　　)		①入水(　) 　退水(　) ②(　) ③(　) ④(　) ⑤(　)
						⑤(　)⑥(○)		
				(　)年 入水児童 (男：　人) (女：　人) 見学児童 (　　人)	①○○○○ ②△△△△ ③○○○○ ④□□□□	①(　) ②(　) ③(　)分 ④感覚づくり(リズム水泳　スイム駅伝) 　ポイント学習(　　　　　) 　課題別学習(　　　　　) 　25m泳(　　　　　) ⑤(　) ⑥(　)		①入水(　) 　退水(　) ②(　) ③(　) ④(　) ⑤(　)

Ⅱ

低学年における
水遊びの指導の展開例

[1年生・2年生]

1年生における水遊びの授業の進め方〈単元計画〉

学習のねらい
技能：水の中を歩いたり、走ったり、水に顔を浸けたり、もぐったりして楽しく遊ぶ。
態度：進んで運動に取り組み、仲良く運動したり、プールのきまりを守って安全に水遊びをする。
思考・判断：水に慣れる遊びの行い方や動き方を知り、遊び方を工夫する。

時	1	2	3
段階			楽しむ

0分

【1時間目】

1. プールのきまり
繰り返し確認し、定着させることで、スムーズで安全な学習にする。
◎並び方
◎バディ
◎シャワーや腰洗い槽の使い方
◎入水の仕方

●プールのやくそく
1. はしらない
2. とびこまない
3. ひとのいやがることをしない

2. みずのなかであるこう

●動物歩き（P.56・64参照）
いろいろな動物に変身して、水の中で体をいろいろ動かしながら楽しく歩く。
① たこ（ぐにゃぐにゃ動く）
② かにさんぶくぶく（バブリング）
③ ぞうさんパオー

●じゃんけん列車（P.56参照）
じゃんけんで負けた人が勝った人の後ろにつながって歩く。

【2・3時間目】

1. みずのなかであるこう

●動物歩き（P.56・60・64・66参照）
いろいろな動物に変身して、水の中で体をいろいろ動かしながら楽しく歩く。
① たこ（ぐにゃぐにゃ動く）
② かにさんぶくぶく（バブリング）
③ ぞうさんパオー
④ ペンギンとことこ（かかとでパタパタ）
⑤ カンガルージャンプ

●じゃんけん列車（P.56参照）
じゃんけんで負けた人が勝った人の後ろにつながって歩く。

●はないちもんめ（P.57参照）
手をつなぎ、前に進んだり、後ろに下がったりして水の中を歩く。
（昔遊び）

♪勝ってうれしい　はないちもんめ♪
♪負けてくやしい　はないちもんめ♪

25分

45分

低学年における水遊びの指導の展開例 **II**

[1年生]

⚠ 授業づくりのポイント
- 1年生では、水に親しみながら、水の中で味わうことができる身体の感覚を大切にします。
- 水の中で歩いたり、走ったり、踊ったりしながら、みんなで楽しく遊ぶことを大切にします。

4	5	6	7	8	9	10
			楽しみを広げる			

1. みずのなかであるこう

●**動物歩き**（P.56・60・62・64・66参照）
バブリングやボビングをしたり、いろいろな動きをしたりして、水中での感覚を楽しむ。
① たこ（ぐにゃぐにゃ動く）
② かにさんぶくぶく（バブリング）
③ ぞうさんパオー
④ ペンギンとことこ（かかとでパタパタ）
⑤ カンガルージャンプ
⑥ かばさんプハー（ボビング）
⑦ わにパックン

●**じゃんけんグリコ**（P.56参照）
グーで勝ったら3歩、チョキやパーなら6歩進む。
「グリコ」（3歩）
「チヨコレイト」（6歩）
「パイナツプル」（6歩）

2. みんなであそぼう

水の中で、追いかけたり、向きを変えたり、逃げたりしながらいろいろな方向に走る鬼遊び。

●**水入れ遊び**（P.57参照）
玉入れの水中版。教師がもつ容器に、みんなで水をかけ入れその量を競う。

●**陣取りじゃんけん**（P.56参照） 4・5時
2チームに分かれて対面する。壁から1人ずつ出てきてじゃんけんをする。勝ったら進み、負けたら次の人が後ろから出て、相手の陣地まで先に着いた方が勝ち。

●**手つなぎ鬼**（P.58参照） 6時
陸上と同じルールで行う。

1. リズムみずあそびをしよう

音楽のリズムに乗って、水の中で全身を動かして踊る。

2. みずのなかでたのしくあそぼう

水に顔を浸けたり、水をかけたり、走ったりして遊ぶ。

●**お池にポチャン**（P.61参照）
首を水平にして顔を水中に浸ける。

●**ねことねずみ**（P.58参照）
プール中央で2列になり、ジャンプで待つ。合図でねこかねずみが鬼になり追いかける。壁まで逃げたらセーフ。

3. みんなでたのしくあそぼう

水の中で、友達と競争して遊ぶ。

●**いろいろなリレー**（P.59参照）
① 仲良しリレー　7時
　フープに2人で入る折り返しリレー
② 2人でリレー　8時
　おんぶ、手を引くなど2人組でリレー

●**宝探し**（P.60参照） 9・10時
水中にもぐり宝を拾う。

45分の展開例①

本時のねらい（1／10時）
- 水中を歩いたり、水に顔を浸けたりして楽しく遊ぶことができる。
- プールのきまりや水遊びの心得を知り、安全に水遊びをする。

形態	時間	子どもの活動
プールサイド シャワー	15分	**1. プールのきまり** ◎**並び方** ・番号に合わせて2列に並ぶ。 ◎**バディ** ・「バディ」の合図で、隣の人と手をつないで上にあげる。 ・「番号」の号令で、前から「1・2・3…」と番号を言って座る。番号は、後ろの人に分かるように言う。 ・座ったら、相手の健康を確認し合う。 ◎**プールでの約束** 　1. 走らない　2. とびこまない　3. 人のいやがることをしない ◎**準備運動をする** ◎**シャワー（腰洗い槽）の使い方** ・（腰洗い槽に静かに浸かってから）帽子を取ってシャワーで体をよく洗う。 ・シャワーが終わったら自分の場所に戻り、バディで座って待つ。
一斉	10分	◎**入水の仕方** ・笛の合図に合わせて、水をかけて静かに入水する。 ・笛の合図に合わせて、水に浸かる。 **2. みずのなかであるこう** ●**動物歩き**（P.56・64参照） 　① たこ（ぐにゃぐにゃ動く） 　② かにさんぶくぶく（バブリング） 　③ ぞうさんパオー
一斉	10分	●**じゃんけん列車**（P.56参照） ・音楽に合わせていろいろな方向に歩き、音楽が止まったら近くの人とじゃんけんをする。 ・じゃんけんに負けたら勝った人の後ろにつき、肩をもち、つながる。それを繰り返して長い列になっていく。
プールサイド	10分	◎「バディ」の合図で、人数や健康の確認をする ◎今日の学習を振り返る ◎整理運動のあと、挨拶をする ◎洗眼をする。シャワーで全身を洗う

低学年における水遊びの指導の展開例 Ⅱ

[1年生]

😊 教師の指示、言葉かけ	❗ 指導のポイント
●**整列、挨拶をする** 「番号のところに並んであいさつします」 「プールの約束をみんなで言いましょう」 「『バディ』の合図で、隣の人と手をつないで上にあげましょう」 「前から1・2・3・・・と番号を言って座ります。番号は、後ろの人に分かるように言います」 ●**シャワー（腰洗い）** 「腰洗いは、手を頭において、おへそまでしゃがんで、静かに『10』数えましょう」 「（シャワーの前に）帽子を取って水着にかけます。そして、①②③の順にシャワーを浴びます」 「シャワーが終わったら、自分の場所に戻って、バディで座って待ちます」	●**プールサイドの並び方** ・2列で並ぶ。 ・身長の低い子どもや、水が苦手な子が浅い方になるように配慮する。 [例]　　　←背が低い・水が苦手 　　●●●●●●・・・ 　　①②③④⑤⑥・・・ 　指導者①　　　プール 　　　　　　　（浅）——→（深） 　　①②③④⑤⑥・・・ 　　●●●●●●・・・ ＊プールサイドにマジックやペンキで番号を等間隔につけておくとよい。
●**入水** 「笛の合図に合わせて、プールに入ります」 「音を立てない、泡を立てない、声を出さないで、静かに入ります」 「入ったら、片手で壁をもって先生の方を見ます」 「笛に合わせて、先生の真似をします。『ピ（右手）・ピ（左手）・ピー（手のひらのところまで水に浸かる）』」 （手のひらを胸・あご・口・鼻・目・眉・頭の上、と上げていき、少しずつ深く浸かる） ●**動物歩き** 「水の中でいろいろな生き物に変身します」 「だれが似ているかな？」 ●**じゃんけん列車** 「負けた人は、手を離さないように歩きます」 ●**洗眼** 「目を開けたり閉じたりして目を洗います」 ●**シャワー** 「はじめと同じです。うまくできるかな」 「シャワーのあとは、髪の毛ごしごし・顔・腕2本・お腹・背中・足2本の順に、体をよくふきましょう。できたら先生にOKをもらいます」 「水着の水や長い髪の人は髪の毛の水もよくふき取りましょう」	●**入水の合図** [例] 「1. プールサイドで立つ」 「2. プールサイドに腰かける」 「3. 体に水をかける（腹→頭）」 「4. 後ろを向いて静かに入る」 「5. 壁をつかんで10回ジャンプ」 ●**プールから上がった時の約束** ・プールから上がったら、自分の場所に行きバディがそろったら座る。 ・相手がいなかったら自分の場所で、どこにいるか確認して、待つ。 ●**シャワーの浴び方** [①シャワーのすぐ手前で] ・シャワーに「前へならえ」と指先からかける。右・左と片足ずつ膝から前に上げ、太腿から膝下をぬらす。 [②シャワーの中に入り] ・下を向いて髪の毛をしっかりと洗う。 [③下を向いたまま一歩前に進んで] ・背中からおしりをこする。上を向いて顔・胸・お腹の順にこする。

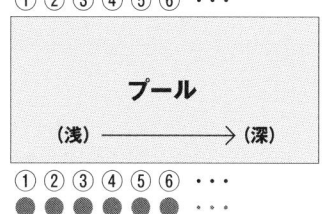

45分の展開例②

🎯 本時のねらい（2～3／10時）
● 水中を歩いたり、水に顔を浸けたりして楽しく遊ぶことができる。
● プールのきまりや水遊びの心得を守って安全に水遊びをする。

形態	時間	子どもの活動
全体	8分	◎整列・挨拶をする ◎「バディ」の合図で手をつなぎ、その手をあげる。先頭から順に番号を言い、座って健康確認をする ◎準備運動をし、（腰洗いに入り）シャワーで全身を洗う
一斉	10分	**1. みずのなかであるこう** ●動物歩き（P.56・64・66参照） ① たこさんくにゃくにゃ ② かにさんぶくぶく（バブリング） ③ ぞうさんパオー ④ ペンギンとことこ（かかとでパタパタ）
一斉	10分	●じゃんけん列車（P.56参照） ・音楽に合わせていろいろな方向に歩き、音楽が止まったら近くの人とじゃんけんをする。 ・じゃんけんに負けたら勝った人の後ろの肩をもち、つながる。それを繰り返して長い列になっていく。
4・6人組	10分	●はないちもんめ（昔遊び）（P.57参照） ・手をつなぎ、思いっきり前に進んだり、後ろに下がったりして水の中を歩いたり、足を蹴り上げたりする。 ・はじめは、4～6人で1グループをつくり、2グループが向かい合って行う。 ♪勝ってうれしい　はないちもんめ♪ ♪負けてくやしい　はないちもんめ♪ 「め」に合わせて、足を前に上げる。
一斉	7分	◎「バディ」の合図で、人数や健康の確認をする ◎今日の学習を振り返る ◎整理運動のあと、挨拶をする ◎洗眼をする。シャワーで全身を洗う

低学年における水遊びの指導の展開例 II

[1年生]

😊 教師の指示、言葉かけ	❗ 指導のポイント
●**整列、挨拶をする** 「番号のところに並んであいさつしましょう」 「バディの確認をします。『バディ』」 「プールの約束をみんなで言いましょう」 ●**動物歩き** 「水の中で、生き物に変身しましょう」 「たこさん、力をぬいてくねくね歩きます」 「鼻のところまで沈んで、口や鼻からブクブクとかにさんのように泡をいっぱい出して横に進みます」 「かにさん、泡がいっぱい出ているかな？」 「ぞうさん、大きく歩いて、長いお鼻、水をパオーっと体にかけましょう」 「ペンギンさん、かかとで上手に歩けるかな？」 ●**じゃんけん列車** 「ルールはこの前と同じです。曲が止まったら、じゃんけんをします。今日は、曲が流れたら遠くまで出かけてみましょう」 「負けた人は、勝った人の後ろにつながります」 「どのぐらい長くつながるかな？」 「今日は、2回目もやります。2回目は、大股歩きをしたり、ジャンプをしたり大きく動いてみましょう。さあ、一度ばらばらになってから始めます」 ●**はないちもんめ** 「4人で1組になって隣の人と手をつないで、はないちもんめをします。先生といっしょに歌いながらやりましょう。そして『め』の時、足を大きく上げてみましょう」 「♪勝ってうれしい　はないちもんめ♪」 「足を上げた時、水しぶきもあがるかな？」 ●**洗眼・シャワー** 「シャワーのあとは、髪の毛ごしごし・顔・腕2本・お腹・背中・足2本の順に、体をよくふきましょう。水着の水もタオルでしっかりふきとります。ふけたら、先生にOKをもらいます」	●**動きに合わせた場の使い方の工夫** 動きやねらい、プールの形状に合わせて場の使い方を工夫する。それにより安全の確保ができたり、子どもの動きや楽しみを広げたり、時間を節約したりすることができる。 ◎**入水：2列→1列（反対側を含めると2列）** プールサイドに2列に整列するが、その列を1列にして、全員が背中を壁につけられるようにする。プールを横方向に使う。 （図：プールサイドの整列と入水の配置図） ◎**動物歩き：プールの中央に2列に整列** ・入水したまま中央に移動する。 ・中央から壁に向かって、プール横方向の半分を使う。 ◎**はないちもんめ2列（バディ）→4人組・6人組** ・2（3）つのバディがくっついてグループをつくる。2グループで行う。 ・リレーやリズム水遊びなどでも活用する。 ●**動物歩き** 子どもが楽しく変身遊びをする中で、水泳の基礎となる感覚を身に付けさせることをねらいとしている。それを踏まえ、よりよい動きへの声かけをしたり、よい動きの子どもの真似をさせたりすることで、関心や動きを高めていきたい。 ・たこ（リラックス） ・かに（バブリング） ・ぞう（水をつかむ） ・ペンギン（かえる足の足首のかえし）

45分の展開例③

🎯 本時のねらい（4〜6／10時）
- 水中を歩いたり、水に顔を浸けたりして楽しく遊ぶことができる。
- プールのきまりや水遊びの心得を守って安全に水遊びをする。

形態	時間	子どもの活動
全体	8分	◎整列・挨拶をする ◎「バディ」の合図で手をつなぎ、その手を上げる。先頭から順に番号を言い、座って健康確認をする ◎準備運動をし、（腰洗いに入り）シャワーで全身を洗う
一斉	10分	**1. みずのなかであるこう** ●動物歩き（P.56・60・62・64・66参照） ① たこさんぐにゃぐにゃ ② かにさんぶくぶく（バブリング） ③ ぞうさんパオー ④ ペンギンとことこ（かかとでパタパタ） ⑤ カンガルージャンプ ⑥ かばさんプハー（ボビング） ⑦ わにパックン
ペア	5分	●じゃんけんグリコ（P.56参照） ・バディと2人で行う。 グーで勝ったら3歩、チョキやパーなら6歩進む。 「グリコ」（3歩） 「チョコレイト」（6歩） 「パイナツプル」（6歩）
一斉	10分	**2. みんなであそぼう** ●水入れ遊び（P.57参照） ・2チームに分かれて、玉入れのように、水を入れる競争をする。
グループ	5分	●陣取りじゃんけん（P.56参照） ・バディ2(3)つで4〜6人の1チームに分かれて、プールの横方向を使って、陣取りをする。 ・勝ったら進むが、負けたら次の人が進んでくる。壁にタッチしたら勝ち。
一斉	7分	◎「バディ」の合図で、人数や健康の確認をする ◎今日の学習を振り返る ◎整理運動のあと、挨拶をする ◎洗眼をする。シャワーで全身を洗う

低学年における水遊びの指導の展開例 II

[1年生]

😊 教師の指示、言葉かけ	❗ 指導のポイント

●動物歩き

「カンガルーさん、ピョンピョン跳んでみましょう。手で水を下に押すと高く跳ねますよ」「○○カンガルーは水の中からジャンプしていてすごいですね」

「水の中のかばが、プハーと水の上に出てくるよ。水から顔を上げたら、『プ』で口から息を吐いて、『ハー』で息を吸います。続けてできるかな」

「続けてプハーをしているかばさんもいますね」

「わにさん、手が口に変身。大きな口を開けて、壁のえさにパックンととびつくよ」

「えさにとびついたら、えさから少しずつ離れて試してみましょう」

「水の中で目を開けている人がいますね。何が見えるかな。みんなでやってみましょう」

「○○さんが上手です。○○さんのようにやってみましょう」

●じゃんけんグリコ

「バディさんとじゃんけんして勝ったら、大きく進んでいきましょう」

「点数が入ったら、また最初の場所に戻って2回戦、3回戦をします」

「ジャンプをしてもいいですよ」

●水入れ遊び

「さあ、玉入れの玉が水になりました。いっぱい水を入れるにはどうしたらいいかな」

「1回戦は、○○チームの勝ち!」

「2回戦は、入れ物が動きます。追いかけて入れましょう。次は、どっちが勝つかな」

●陣取りじゃんけん

「負けたら合図するといいですね」

「どうやったら速く走れるかな?」

「ジャンケンで負けても急いで戻らないと、大変ですよ」

「○○さんのチームは、応援がいいですね」

●動物歩きと身に付けさせたい感覚

◎**かに**:呼吸の基本となる口や鼻から泡を出す感覚。

◎**ペンギン**:かえる足の時の足首をつり上げる感覚。手をお尻の後ろに羽のように広げてその手にかかとをタッチするようにすると、かえる足で引きつけた時の感覚に近づく。

◎**カンガルー**:泳ぎの基本となる水面(水)を押さえる・水をつかむ感覚。足の裏でしっかり床を蹴る感覚。

◎**かば**:呼吸の基本となる水中で水を吐き、水面で残りの空気を吐き出し吸い込む感覚。水中で目を開ける感覚。

◎**わに**:壁に跳びつくことですぐに壁をつかめるという安心感がある。それに加えて、跳びつく勢いが浮力となり浮く感覚・進む感覚を味わうことができる。

●水入れ遊び

《ねらい》
水中版の玉入れ。競争することで水中での移動や顔に水がかかることが気にならないことをねらっている。

《入れ物》
透明のプラスティック製の水槽やバケツ(100円ショップにあるようなもの)を使うと、勝敗が一目で分かる。

《工夫》
・追いかけ玉入れのように容器を移動させると子どもの動きが広がる。
・どうしても遠くからの参加となってしまう水が苦手な子どもの方に移動させることで、参加の意識を促したり、水がかかったりする効果も得られる。

45分の展開例④

🎯 本時のねらい（7～10 / 10時）
- 水中を歩いたり走ったり、水に顔を浸けたり、水中で息を吐いたり、水中にもぐったり、動きを工夫したりして楽しく遊ぶことができる。
- プールのきまりや水遊びの心得を守って安全に水遊びをする。

形態	時間	子どもの活動
全体	5分	◎整列、挨拶をする。「バディ」の合図で人数と健康の確認をする ◎準備運動をする ◎腰洗いをし、シャワーで全身を洗う
一斉	7分	**1. リズムみずあそびをしよう** ・音楽のリズムに合わせて、今までにやった動物や考えた動物に変身して楽しむ。（P.56・60・64・66参照） ・先生の真似をしたり、友達の真似をしたりする。
一斉	5分	**2. みずのなかでたのしくあそぼう** ●ねことねずみ（P.58参照） ・プール中央で2列になり、笛の合図に合わせてジャンプで待つ。笛が止まると、「ねこ（ねずみ）」と指示されたチームが相手チームを追いかける。 ・追われているチームは壁まで逃げればセーフ。
ペア	3分	●お池にポチャン（P.61参照） ・バディと両手をつないでつくった池におでこからポチャンと顔を浸ける。
4・6人組	10分	**3. みんなでたのしくあそぼう** ●仲良しリレー（P.59参照） ・バディと2人で1つのフープに入り、折り返しリレーをする。フープがバトンになる。
一斉	10分	●宝探し（P.60参照） ・ルールに従って、宝拾い競争をする。
全体	5分	◎「バディ」の合図で、人数や健康の確認をする ◎今日の学習を振り返る ◎整理運動のあと、挨拶をする ◎洗眼をする。シャワーで全身を洗う

低学年における水遊びの指導の展開例 II

[1年生]

😊 教師の指示、言葉かけ	❗ 指導のポイント
●リズム水遊び 「今日は、音楽に合わせて今までやった動物に変身します。『ピッ』と笛を鳴らした後に変身する動物を言います」 「上手に変身したら、プールのどこに行ってもかまいません」 「もっと、『プハー』と水を出しましょう」 「最後は、好きな動物に変身！」 **●ねことねずみ** 「こっちの列は『ねこチーム』、こっちの列は『ねずみチーム』です。さあ、笛に合わせてジャンプジャンプ『ピッ、ピッ…』『ねこ』」 「はーい、またジャンプでもとの場所に戻ります。『ピッ、ピッ…』『ねずみ』」 **●お池にポチャン** 「バディさんと、両手をつないで大きな池をつくります。その池におでこを水面に音が出るくらい勢いよくポチャンと入れてもぐります」 「みんな上手ですね」 「次は、ポチャンをしたら、水の中でぶくぶくをして、かばさんプハーで、出てきましょう」 **●仲良しリレー** 「どうやると速く走れるかな。2人で力を合わせてがんばりましょう」 **●宝探し** 「みんなで宝探しをしましょう」 「1つ拾ったら、ねこチームの人は○○に、ねずみチームの人は△△までもっていきましょう」 「今日のルールは①〜、②〜、③〜です」 「水の中で目を開けて、よく探しましょう」 「それでは、ヨーイ『ピッ』」	**●リズム水遊び** ・音楽は、音楽の授業で学習したもの、子どもの好きなもの、春の運動会で使ったものなど、子どもたちがよく知っているものを使うとよい。 ・隊形は、やり方を理解させるために、初回はコースのラインを利用して列で行う。慣れてきたら、自由に動いたり、4〜6人のグループで丸くなったり、全員で円（プール全体に広がる）になったりするとよい。 ・動きは、音楽の区切りのよいところで陸上（水中）の教師が指示を出す。 **●お池にポチャン** ・浮くために欠かせない、首を水平にして頭まで水にもぐる姿勢を身に付けさせることをねらいとしている。実態に応じて水中で吐き、顔を上げて息を吸う息継ぎの基礎となる声かけをする。 ＊「だるまさん」などと声をかけて、もぐっている時間をつくると浮く感覚を味わわせることができる。 **●宝探し（石拾い）** 宝探しは、一部の子どもがほとんどの宝を拾ってしまうことがあるので、次のようなルールの工夫が必要になる。 　①1つ拾う度に所定の場所にもっていく。 　②拾う宝の色や形を決める。 　③数の制限を決める。 ＊なかなかもぐれない子どももいるので、少しもぐればとれるような、しずむ棒や輪などの用具を用意することも必要である。

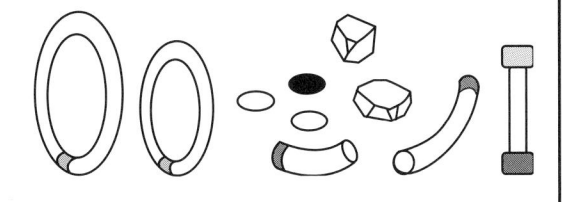

2年生における水遊びの授業の進め方 〈単元計画〉

🎯 学習のねらい
技能：水の中を歩いたり、走ったり、水に顔を浸けたり、もぐったりして楽しく遊ぶ。
態度：進んで運動に取り組み、仲良く運動したり、プールのきまりを守って安全に水遊びをする。
思考・判断：水に慣れる遊びの行い方や動き方を知り、遊び方を工夫する。

時	1	2	3	4	5
段階			楽しむ		

0分

1. リズム水遊びをしよう
・音楽のリズムに乗って、水の中で全身を動かして踊る。

10分

2. 水の中で歩こう
・バブリングやボビングなどをしながら楽しく歩く。

●**動物歩き**（P.56・60・62・64・66参照）
①たこ　②ペンギン　③ぞうさんパオー　④カンガルー
⑤かにさんブクブク（バブリングあり）　⑥かばさんプハー　⑦わにパックン

●**じゃんけんグリコ**（P.56参照）
グーで勝ったら3歩、チョキやパーなら6歩、大股で進む。
「グリコ」（3歩）
「チョコレイト」（6歩）
「パイナツプル」（6歩）

●**水中にらめっこ**（P.64参照）
水の中でにらめっこをする。息が苦しくなったら、
立って息を吸い、すぐにもぐる。

20分

3. みんなで遊ぼう
・ゲームや競争をする中で、自然に水を顔にかけたり、水にもぐったりする。

●**水入れ遊び**（P.57参照）
玉入れの水中版。教師がもつ容器に、
みんなで水をかけ入れて、その量を
競う。

●**宝探し**（P.60参照）
水中にもぐり、宝を拾う。

●**これいくつ**（P.59参照）
水中で指の数を見ようと目を開ける。

●**お池にポチャン**（P.61参照）
腕を丸くしてつくった池に、
「ポチャン」とおでこからもぐる。

45分

低学年における水遊びの指導の展開例 II

[2年生]

❗ 授業づくりのポイント
- ● 2年生では水中での動きの感覚を大切にします。
- ● 水の中で思いきり遊びたいという子どもの思いを大切にします。

6	7	8	9	10
		楽しみを広げる		

1. リズム水遊びをもっと楽しくしよう
- ・動きを大きくしたり、全身で弾んだり、隊形を変えたりして楽しく踊る。
- ・ポーズや動きの一部を工夫して楽しむ。

2. 水の中で楽しく遊ぼう
- ・バブリングやボビングをしたり、浮く感じを味わったりしながら、水中での感覚を楽しむ。

● **動物歩き**（P.56・60・62・64・66参照）
　①たこ　②ペンギン　③ぞうさんパオー　④カンガルー
　⑤かにさんブクブク（バブリングあり）　⑥かばさんプハー
　⑦わにパックン　⑧その他

● **お池にポチャン**（P.61参照）
　腕を丸くしてつくった池に、「ポチャン」とおでこから
　もぐることで首を水平にする。
　浮く感じがつかめたら、片足・両足を底から離してみる。

● **じゃんけん王様**（P.62参照）
　2人組でじゃんけんをして、勝った人が王様になる。
　王様は、いろいろなポーズで相手や水に体を任せて、
　移動する。

お池に　➡　ポチャン

3. みんなで楽しく遊ぼう
- ・ゲームや競争をする中で、水の中で自由に体を動かすことを楽しむ。

● **水中じゃんけん鬼ごっこ**（P.59参照）
　水中で目を開ける。水中で走る。

● **ロンドン橋**（P.59参照）
　水の中に頭をしずめたり、水の流れに乗って
　歩いたり走ったりする。

● **トンネル遊び**（P.60参照）
　フープのトンネルをくぐる。もぐったり、水中で
　目を開けたりする。

● **ジャンプでゴー**（P.59参照）
　水の中を走ったり跳ねたり、もぐったりして、
　リレーをする。

● **島めぐり**（P.61・67参照）
　水面に浮かせたフープ（島）をめぐる。
　水にもぐったりジャンプしたりする。

45分の展開例①

🎯 本時のねらい（1〜2／10時）
- 水中を歩いたり、水に顔を浸けたり、水中で目を開けたりして楽しく遊ぶことができる。
- プールのきまりや水遊びの心得を守って安全に水遊びをする。

形態	時間	子どもの活動
全体	10分	◎整列・挨拶をする ◎「バディ」の合図で手をつなぎ、その手を上げる。先頭から順に番号を言い、座って健康確認をする ◎準備運動をし、（腰洗いに入り）シャワーで全身を洗う
4列	10分	**1. リズム水遊び** ・水慣れをかねて前奏で顔や体に水をかけたり、その場で回ったりする。 ・4列で、運動会や表現・リズム遊びの時間で行ったことのある踊りをする。
一斉	5分	**2. 水の中で歩こう** ●動物歩き（P.56・66参照） ①たこ　　　　グニャグニャ ②ペンギン　　かかとでパタパタ ③ぞう　　　　パオーバシャバシャ
ペア	5分	●じゃんけんグリコ（P.56参照） グーで勝ったら「グリコ」で3歩、チョキなら「チヨコレイト」、パーなら「パイナツプル」で6歩進む。反対側の壁までついたら得点。
一斉	10分	**3. みんなで遊ぼう** ●水入れ遊び（P.57参照） ・2チームに分かれて、玉入れのように、水を入れる競争をする。 ●これいくつ（P.59参照） ・バディや数人のグループで、水にもぐって、指の数をあてっこする。
全体	5分	◎「バディ」の合図で人数や健康の確認をし、今日の学習を振り返る ◎整理運動をする ◎挨拶をする ◎洗眼をし、シャワーで全身を洗う

低学年における水遊びの指導の展開例 **II**

[2年生]

😊 教師の指示、言葉かけ	❗ 指導のポイント
●**整列、挨拶をする** 「番号のところに並んであいさつします」 「プールの約束をみんなで言いましょう」 「『バディ』の合図で、隣の人と手をつないで上にあげましょう」 「前から『1』『2』『3』…と番号を言って座ります。番号は、後ろの人が分かるように言います」 ●**シャワー(腰洗い)** 「腰洗いは、手を頭において、おへそまでしゃがんで、静かに『10』数えましょう」 「(シャワーの前に)帽子を取って水着にかけます。そして、①②③の順にシャワーを浴びます」 「シャワーが終わったら、自分の場所に戻って、『バディ』の合図で座って待ちます」 ●**入水** 「笛の合図に合わせて、プールに入ります」 「音を立てない、泡を立てない、声を出さないで、静かに入ります」 ●**リズム水遊び** 「プールの中のコースの線に並びましょう」 「音楽に合わせて、元気に踊りましょう」 「先生の動きを真似してもいいですよ」 ●**動物歩き** 「水の中でいろいろな生き物に変身します」 「だれが似ているかな?」 ●**じゃんけんグリコ** 「バディさんとじゃんけんして勝ったら、大きく進んでいきましょう」 ●**水入れ遊び** 「いっぱい水を入れるにはどうしたらいいかな?」 ●**これいくつ** 「目を開けて、指の数をしっかり見ましょう」 「交替で指を出します。深くしたり浅くしたりしてもいいですよ」 ●**洗眼・シャワー** 「目を開けたり閉じたりして目を洗います」 「髪の毛・顔・腕2本・お腹・背中・足2本の順に、体をよくふきましょう」	●**プールサイドの並び方** ・2列で並ぶ。 ・身長の低い子どもや、水が苦手な子が浅い方になるように配慮する。 [例]　　　←背が低い・水が苦手 　　　　●●●●●●… 　　　　①②③④⑤⑥… 指導者①　　　　　プール 　　　　　　　(浅)——→(深) 　　　　①②③④⑤⑥… 　　　　●●●●●●… ＊プールサイドにマジックやペンキで番号を等間隔につけておくとよい。 ●**プールでの約束** ┌─────────────┐ │ ①走らない　　　　　│ │ ②とびこまない　　　│ │ ③人のいやがることをしない │ └─────────────┘ ・プールから上がったら自分の場所に行き、バディがそろったら座る。 ・相手がいなかったら自分の場所で、どこにいるか確認したり、呼んだりする。 ●**シャワーの浴び方** ＊帽子は水着に引っかける。 　[①シャワーのすぐ手前で] 　　・シャワーに「前へならえ」と指先から。 　　・右・左と片足ずつ膝から前に上げ、太腿から膝下をぬらす。 　[②シャワーの中に入り] 　　・下を向いて髪の毛をしっかりと洗う。 　[③下を向いたまま一歩前に進んで] 　　・背中からおしりをこする。 　　・上を向いて顔・胸・お腹の順にこする。

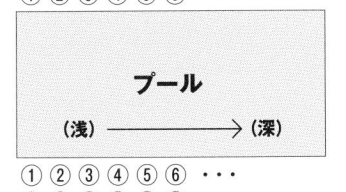

43

45分の展開例②

本時のねらい（3～5／10時）
● 水中を歩いたり、水に顔を浸けたり、水中で目を開けたりして楽しく遊ぶことができる。
● プールのきまりや水遊びの心得を守って安全に水遊びをする。

形態	時間	子どもの活動
全体	5分	◎整列・挨拶をし、「バディ」で人数と健康の確認をする ◎準備運動をする ◎（腰洗いをして）シャワーで全身を洗う
4列	5分	**1. リズム水遊び** ・水慣れをかねて前奏で顔や体に水をかけたり、その場で回ったりする。 ・音楽のリズムに乗って、全身を大きく動かして踊る。
一斉	10分	**2. 水の中で歩こう** ●動物歩き（P.56・60・62・64・66参照） ①たこ　②ペンギン ③ぞうさんパオー　④カンガルー ⑤かにさんブクブク（バブリング） ⑥かばさんプハー（ボビング） ⑦わにパックン
ペア	5分	●水中にらめっこ（P.64参照） ・水中でにらめっこをする。息が苦しくなったら立って息を吸い、すぐにもぐる。立ったままになったら負け。
一斉	10分	**3. みんなで遊ぼう** ●お池にポチャン（P.61参照） ・バディと両手をつないでつくった池におでこからポチャンと顔を浸ける。 ●宝探し（P.60参照） ・ルールに従って、宝拾い競争をする。
全体	5分	◎「バディ」の合図で、人数や健康の確認をする ◎今日の学習を振り返る ◎整理運動のあと、挨拶をする ◎洗眼をし、シャワーで全身を洗う

低学年における水遊びの指導の展開例 II

[2年生]

😊 教師の指示、言葉かけ	❗ 指導のポイント
●**動物歩き** 「たこさん、力をぬいてくねくね歩きます」 「ペンギンさん、かかとで上手に歩けるかな」 「ぞうさん、長い鼻で水をかけましょう」 「カンガルーさん、ピョンピョン跳んでみましょう。手で水を下に押すと高く跳ねますよ」「かにさんぶくぶく、鼻のところまでしずんで、口や鼻からブクブクと泡をいっぱい出して横に進みます」 「水の中のかばが、プハーと水の上に出てくるよ。水から顔を上げたら、『プ』で口から息を吐いて、『ハー』で息を吸います。続けてできるかな」 「わにさん、手が口に変身。大きな口を開けて、壁のえさにパックンととびつくよ」 「えさにとびつけたら、えさから少しずつ離れて試してみましょう」 「○○さんが上手です。○○さんのようにやってみましょう」 ●**水中にらめっこ** 「水の中でのにらめっこです。笑ったらではなく、立って顔をふいたり、立ったままでいたら負けになります。水の中で息を吐くといいですよ」 「それでは、始めます。にらめっこしましょ♪立ったら負けよ、あっぷっぷ♪」 ●**お池にポチャン** 「おでこを水面に音が出るくらい勢いよくポチャンと入れてもぐります」 「できれば、少しもぐっていましょう」 ●**宝探し** 「みんなで宝探しをしましょう」 「1つ拾ったら、○組の人は○○に、△組の人は△△までもっていきましょう」 「今日のルールは①～、②～、③～です」 「水の中で目を開けて、よく探しましょう。それでは、ヨーイ『ピッ』」	●**動物歩き** ・子どもが楽しく変身遊びをする中で、床を足の裏全体で蹴る（カンガルー）・バブリング（かに）・ボビング（かば）・浮く（わに）など水泳の基礎となる感覚を身に付けさせることをねらいとしている。それを踏まえ、よりよい動きへの声かけをしたり、よい動きの子どもの真似をさせたりすることで、高めていきたい。 ・わにパックンでは、跳びつく勢いが浮力となり、浮く感覚を味わわせることができる。そのためには、顔を水に浸けるように跳ねさせたり、少しずつ壁から離れたところから跳びつかせたりするとよい。 ●**お池にポチャン** ・浮くために欠かせない、首を水平にして頭まで水にもぐる姿勢を身に付けさせることをねらいとしている。実態に応じて「だるまさん」などと声をかけて、もぐっている時間をつくると、浮く感覚を味わわせることができる。 ●**宝探し（石拾い）** ・宝探しでは、一部の子どもがほとんどの宝を拾ってしまうことがあるので、次のようなルールの工夫が必要になる。 《工夫の例》 ・1つ拾う度に所定の場所にもっていく。 ・拾う宝の色や形を決める。 ・数の制限を決める。 ※また、なかなかもぐれない子どももいるので、少しもぐればとれるような、しずむ棒や輪などの用具を用意することも必要である。（P.39参照）

45分の展開例③

🎯 本時のねらい（6〜7／10時）

- ●水中を歩いたり走る、水に顔を浸ける、水中で目を開け息を吐く、水中にもぐる、動きを工夫するなどして楽しく遊ぶことができる。
- ●プールのきまりや水遊びの心得を守って安全に水遊びをする。

形態	時間	子どもの活動
全体	5分	◎整列、挨拶をし、「バディ」の合図で人数と健康の確認をする ◎準備運動をする ◎（腰洗いをして）シャワーで全身を洗う
4列	5分	**1. リズム水遊びをもっと楽しくしよう** ・大きな動きで楽しく元気に踊る。 ・グループで少し動きを変えるなどして楽しむ。
一斉	5分	**2. 水の中で楽しく遊ぼう** ●**動物歩き**（P.56・60・62・64・66参照） ①たこ　②ペンギン　③ぞうさんパオー　④カンガルー　⑤かにさんブクブク（バブリング） ⑥かばさんプハー（ボビング）　⑦わにパックン　⑧その他
ペア	10分	●**お池にポチャン**（P.61参照） ・バディと両手をつないでつくった池におでこからポチャンと顔を浸ける。 ●**じゃんけん王様**（P.62参照） ・じゃんけんで勝ったら王様になり、いろいろな姿勢で運んでもらう。
ペア・一斉	15分	**3. みんなで楽しく遊ぼう** ●**水中じゃんけん鬼ごっこ[2人組]**（P.59参照） ・水中じゃんけんをし、鬼ごっこを行う。勝ったら追いかけ、負けたら壁まで逃げる。 ●**ロンドン橋**（P.59参照） ・水面に何組か2人で手をつないで橋をつくる。他の子どもは歌いながら水にもぐってくぐり、歌の切れ目で橋にかかったら橋になる。 ●**トンネル遊び**（P.60参照） ・グループで1個〜数個のフープを使って、交替でフープをもちトンネルくぐり遊びをする。もち方や個数はグループごとに工夫する。
全体	5分	◎「バディ」の合図で、人数や健康の確認をする ◎今日の学習を振り返る ◎整理運動のあと、挨拶をする ◎洗眼をし、シャワーで全身を洗う

[2年生]

😊 教師の指示、言葉かけ	❗ 指導のポイント
●**リズム水遊び** 「高くジャンプしたり、勢いよくしゃがんだりして、大きく元気に踊りましょう」 「友達と手をつないだり、少し動きを変えたり工夫してみましょう」 「次の時間の最後のポーズはグループで自由にしますから、考えておきましょう」 ●**動物歩き** 「○○さんが本物の△△みたいです。○○さんのようにやってみましょう」 「かばさん、水の中でしっかり息を吐いてから、プハーと出てきましょう」 「わにさん、もっと遠くからできるかな」 「そのほかにどんな動物に変身できるかな」 ●**お池にポチャン** 「もぐっているうちに、ふわふわ浮いてくる人はいますか。ふわふわしたら、そっと片足（両足）を床から離してみましょう」 ●**じゃんけん王様** 「2人組になって、（水中）じゃんけんをしましょう。勝ったら王様になってプールの反対側まで連れていってもらいます」 「おんぶ、だっこ、肩や手で引っぱるなど、いろいろ工夫してみよう」 ●**水中じゃんけん鬼ごっこ** 「水中じゃんけんをして、勝った人は負けた人を追いかけよう。向かい側の壁につくまでにタッチできるかな？　今度は、負けた人が追いかけます」 ●**ロンドン橋** 「みんなで元気よく歌いながらロンドン橋をくぐろう。まず、バディ○～○番の人が橋です。橋に引っかかった人は、橋の人と交代だよ。橋の高さは変えてもいいですよ」 ●**トンネル遊び** 「グループでもち方を工夫しましょう。2個使って長いトンネルにしてもいいですよ」	●**動きに合わせた場の使い方の工夫** ・動きやねらい、学校のプールの形状に合わせて場の使い方を工夫することが必要である。そのことで、安全の確保ができたり、子どもの動きや楽しみを広げたり、時間を節約したりすることができる。 ●**2列→1列（反対側を含めると2列）** ・プールサイドに2列で整列するが、その列を1列にして、全員が背中を壁につけられるようにする。プールを横方向に使う。【入水・じゃんけん王様・陣取りじゃんけん・ロンドン橋】 ●**2列（2人組）→4人組・6人組** ・2（3）つのバディがくっついてグループをつくる。 　円：リズム水遊び・水中にらめっこ 　列：リレー・ジャンプでゴー ・動きや楽しみを広げたり、時間を節約したりすることができる。 ●**プールの中央に2列で整列** ・中央から壁に向かって、プール横方向の半分を使う。【動物歩き・水中じゃんけん鬼ごっこ】 ●**中央コースロープを張って仕切る** ・コースロープで場所を区切って活動する。 ・コースロープを利用して活動する。【ロープをくぐって遊ぶ】 ●**全体で円になる** ・全体が円になって中央の示範を見たり、みんなで同じ動きをしたりする。【動物歩き・リズム水遊び】

45分の展開例④

🎯 本時のねらい（8～10／10時）
- 水中を歩いたり走る、水に顔を浸ける、水中で目を開け息を吐く、水中にもぐる、動きを工夫するなどして楽しく遊ぶことができる。
- プールのきまりや水遊びの心得を守って安全に水遊びをする。

形態	時間	子どもの活動
全体	5分	◎整列、挨拶をする ◎準備運動をする ◎腰洗いをし、シャワーで全身を洗う
4列	5分	**1. リズム水遊びをもっと楽しくしよう** ・大きな動きで楽しく元気に踊る。 ・グループで少し動きを変えたり、最後のポーズを工夫して楽しむ。
一斉	5分	**2. 水の中で楽しく遊ぼう** ●**動物歩き**（P.56・60・62・64・66参照） ①たこ ②ペンギン ③ぞうさんパオー ④カンガルー ⑤かにさんブクブク（バブリング） ⑥かばさんプハー（ボビング） ⑦わにパックン ⑧その他
ペア	10分	●**お池にポチャン**（P.61参照） ・バディと両手をつないでつくった池におでこからポチャンと顔を浸ける。 ●**じゃんけん王様**（P.62参照） ・じゃんけんで勝ったら王様になり、いろいろな姿勢で運んでもらう。
一斉	15分	**3. みんなで楽しく遊ぼう** ●**ジャンプでゴー**（P.59参照） ・水の中をジャンプしながら前へ進みリレーをする。 ●**島めぐり**（P.61・67参照） ・島（水面に浮いたフープ）をめぐってくる。 〈島のおきて〉 ①島に入る時は、下から。 ②島から出る時は、上から。 ③その日のルールに従う。
全体	5分	◎「バディ」の合図で、人数や健康の確認をする ◎今日の学習を振り返る ◎整理運動のあと、挨拶をする ◎洗眼をし、シャワーで全身を洗う

低学年における水遊びの指導の展開例 Ⅱ

[2年生]

😊 教師の指示、言葉かけ	❗ 指導のポイント
●リズム水遊び 「最後のポーズは、グループで考えたものをやりましょう」 「いろいろなポーズがあるので、見せ合ってみましょう」 「次の時間のポーズも決めておきましょう」 ●じゃんけん王様 「王様は、体の力をぬいて『ふわふわ・ゆらゆら』してみましょう」 「王様をどんな風に運ぶと楽かな。少し水の中にもぐるようにするといいね」 「王様は、顔を浸けて浮いてみましょう。苦しくなったら、プハーをしてみましょう」 「王様は、水に寝るように上向きでもできるかな。運ぶ人は首の後ろを支えてあげるといいね」「王様が大丈夫なら、運ぶ人は片手で引いてみましょう」 ●ジャンプでゴー 「速く進むには手や足をどう使ったらいいかな？」 「もぐってジャンプするときに、プハーをしましょう」 ●島めぐり 「今日の1回目のルールは、5つの島をめぐったら壁で戻ります。戻ったら、まだ泳いでいる人を応援します」 「全員、壁に背中をつけて『ヨーイ　ドン！』。○○さんは、出る時にいるかのようにジャンプしていますね」	●お池にポチャン ・浮けるようになってきたら、少しずつ浮いている時間を伸ばしていく。「5」なら「だるまさん」、「10」なら「だるまさんがころんだ」、「15」なら「だるまさんがころころころんだよ」というように数えると、遊び感覚になる。 ●ジャンプでゴー ・前に思いきりジャンプすることを繰り返すうちに、腕をかいて姿勢をコントロールする感覚をつかんでくる。その感覚を味わわせたい。また、水中で息を吐き、ジャンプに合わせて水面で残りの息を吐いて吸うことを意識的に行わせる。それが水泳での呼吸につながっていく。 ●島めぐり ・フープにいるか跳びの要領で上から入るのは、そのまま水底に頭等を打つ危険や、子ども同士がぶつかる危険があるので避ける。 ・どうしてももぐることのできない子どもには、少しフープを持ち上げてくぐらせるとよい。 ・浮く感覚がつかめている子どもには、いるか跳びの要領で、ジャンプをしたら指先から入水させるように声かけをするとよい。 《ルールの工夫を行う（例）》 ・隣の島には入らない。 ・全部の色の島をめぐったら戻る。 ・時間内にいくつの島にいけるか等。

低学年の資料

[1年生・2年生]

学習カード

みずとなかよし

1		
ねん	くみ	ばん

《できたら○にいろをぬりましょう》

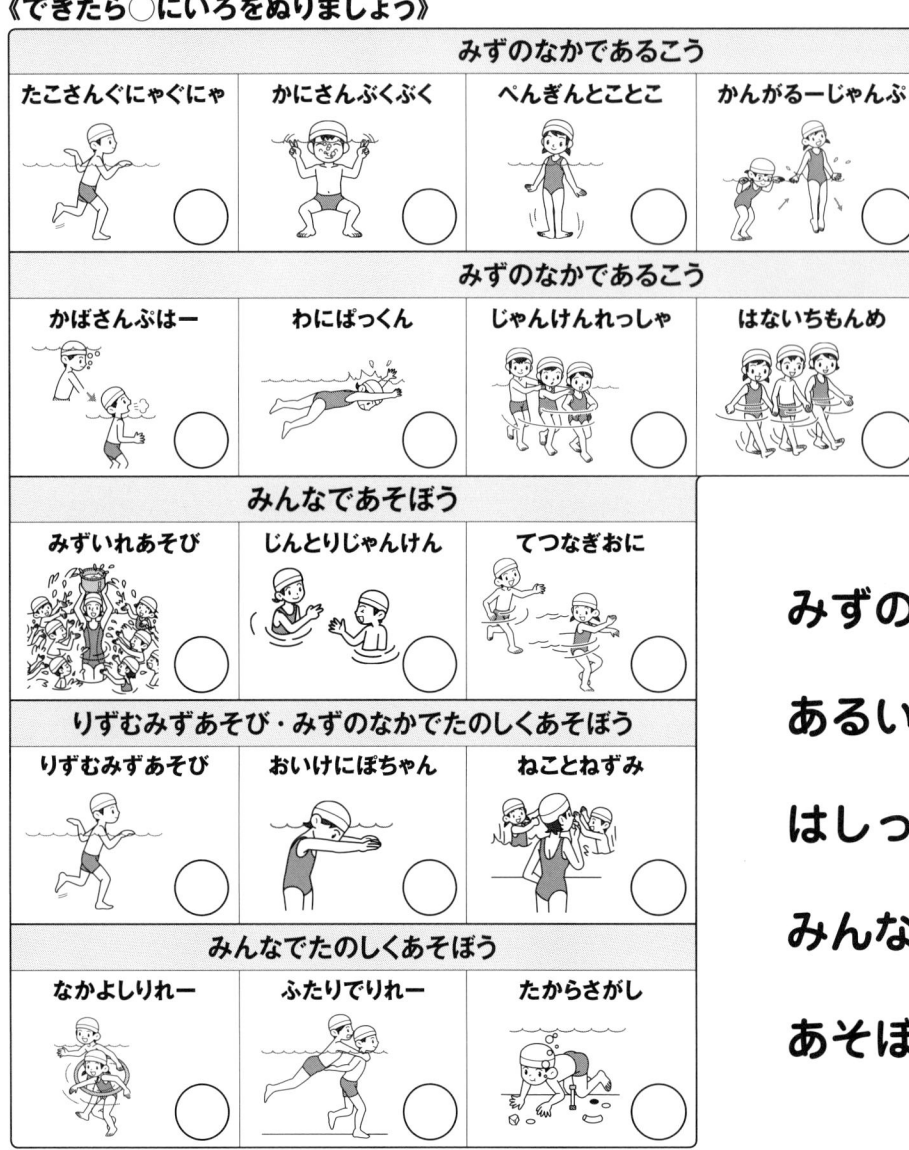

みずのなかであるこう				
たこさんぐにゃぐにゃ	かにさんぶくぶく	ぺんぎんとことこ	かんがるーじゃんぷ	ぞうさんぱおー

みずのなかであるこう				
かばさんぷはー	わにぱっくん	じゃんけんれっしゃ	はないちもんめ	じゃんけんぐりこ

みんなであそぼう		
みずいれあそび	じんとりじゃんけん	てつなぎおに

りずむみずあそび・みずのなかでたのしくあそぼう		
りずむみずあそび	おいけにぽちゃん	ねことねずみ

みんなでたのしくあそぼう		
なかよしりれー	ふたりでりれー	たからさがし

みずのなかで
あるいたり
はしったりして、
みんなでたのしく
あそぼう！

《きょうのがくしゅうをふりかえろう》　　😀よくできた　☺ふつう　☹できなかった

	たのしくできた	なかよくできた		たのしくできた	なかよくできた
/	😀 ☺ ☹	😀 ☺ ☹	/	😀 ☺ ☹	😀 ☺ ☹
/	😀 ☺ ☹	😀 ☺ ☹	/	😀 ☺ ☹	😀 ☺ ☹
/	😀 ☺ ☹	😀 ☺ ☹	/	😀 ☺ ☹	😀 ☺ ☹
/	😀 ☺ ☹	😀 ☺ ☹	/	😀 ☺ ☹	😀 ☺ ☹
/	😀 ☺ ☹	😀 ☺ ☹	/	😀 ☺ ☹	😀 ☺ ☹

《学習カードの使い方（教師用）》 [1年生]

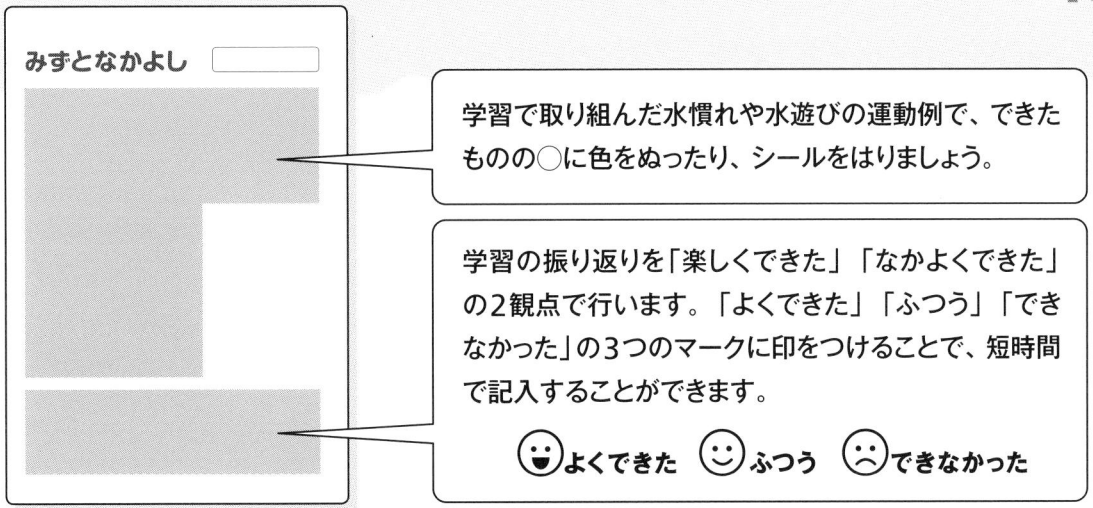

みずとなかよし

> 学習で取り組んだ水慣れや水遊びの運動例で、できたものの○に色をぬったり、シールをはりましょう。

> 学習の振り返りを「楽しくできた」「なかよくできた」の2観点で行います。「よくできた」「ふつう」「できなかった」の3つのマークに印をつけることで、短時間で記入することができます。
> 😃よくできた 🙂ふつう ☹できなかった

《水遊びと評価》

みずのなかであるこう					
たこさんぐにゃぐにゃ 力をぬいてくねくねと歩くことができる。	**かにさんぶくぶく** 口や鼻から泡を出しながら歩くことができる。	**ぺんぎんとことこ** かかとだけで、とことこ歩くことができる。	**かんがるーじゃんぷ** 手で水を押さえるようにジャンプすることができる。	**ぞうさんばおー** 手で水をすくい上げて、体に水をかけながら歩くことができる。

みずのなかであるこう				
かばさんぷはー 水から顔を上げ、「プ」と息を吐き、「ハー」で吸うことができる。	**わにぱっくん** 壁に向かって、床から足を離して跳びつくことができる。	**じゃんけんれっしゃ** 自由に動いて、じゃんけんをしたり、つながって歩いたりすることができる。	**はないちもんめ** 歌に合わせて、前後に歩いたり、足を上げたりして、遊ぶことができる。	**じゃんけんぐりこ** 大股歩きで進むことができる。

みんなであそぼう		
みずいれあそび 水をすくってかけることができる。	**じんとりじゃんけん** じゃんけんをしたり、走ったりしてゲームをすることができる。	**てつなぎおに** 走って追いかけたり、逃げたりすることができる。

りずむみずあそび・みずのなかでたのしくあそぼう		
りずむみずあそび 音楽のリズムに乗って、動物歩きをすることができる。	**おいけにぽちゃん** おでこから水に顔を浸けることができる。	**ねことねずみ** 合図に従って走って追いかけたり、逃げたりすることができる。

みんなでたのしくあそぼう		
なかよしりれー 友だちと調子を合わせて走ってリレーをすることができる。	**ふたりでりれー** 友だちと調子を合わせて走ってリレーをすることができる。	**たからさがし** 水中にもぐって宝を拾うことができる。

水に顔を浸けたり、水の中を歩いたり、走ったりして楽しく遊ぶことができる。

学習カード

水であそぼう

2 年　　組　　ばん

《できたら○にいろをぬりましょう》

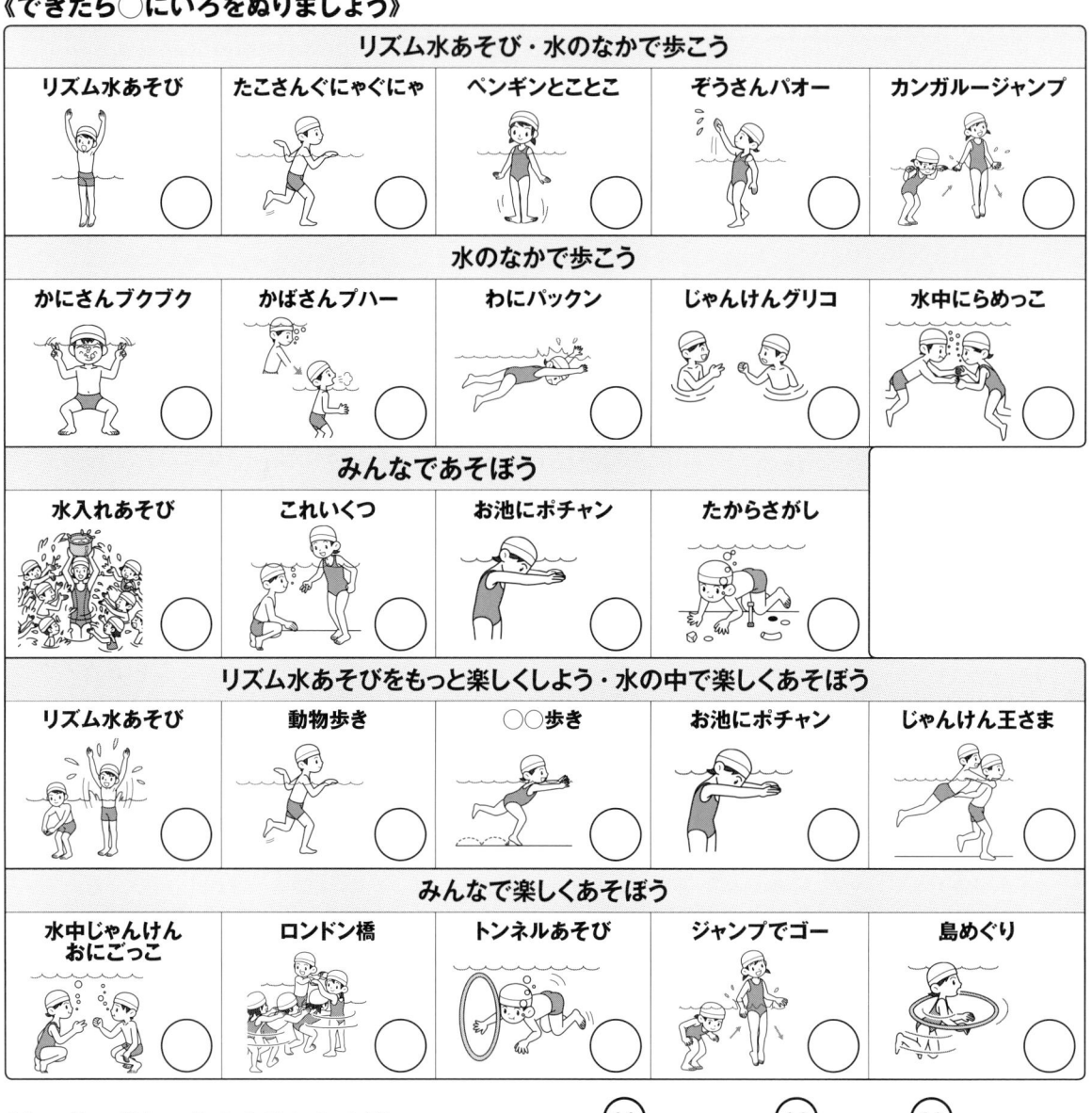

リズム水あそび・水のなかで歩こう					
リズム水あそび	たこさんぐにゃぐにゃ	ペンギンとことこ	ぞうさんパオー	カンガルージャンプ

水のなかで歩こう					
かにさんブクブク	かばさんプハー	わにパックン	じゃんけんグリコ	水中にらめっこ

みんなであそぼう			
水入れあそび	これいくつ	お池にポチャン	たからさがし

リズム水あそびをもっと楽しくしよう・水の中で楽しくあそぼう					
リズム水あそび	動物歩き	○○歩き	お池にポチャン	じゃんけん王さま

みんなで楽しくあそぼう					
水中じゃんけんおにごっこ	ロンドン橋	トンネルあそび	ジャンプでゴー	島めぐり

《きょうの学しゅうをふりかえろう》　　😀よくできた　🙂ふつう　☹できなかった

	楽しくできた	なかよくできた		楽しくできた	なかよくできた
/	😀 🙂 ☹	😀 🙂 ☹	/	😀 🙂 ☹	😀 🙂 ☹
/	😀 🙂 ☹	😀 🙂 ☹	/	😀 🙂 ☹	😀 🙂 ☹
/	😀 🙂 ☹	😀 🙂 ☹	/	😀 🙂 ☹	😀 🙂 ☹
/	😀 🙂 ☹	😀 🙂 ☹	/	😀 🙂 ☹	😀 🙂 ☹
/	😀 🙂 ☹	😀 🙂 ☹	/	😀 🙂 ☹	😀 🙂 ☹

《学習カードの使い方（教師用）》 [2年生]

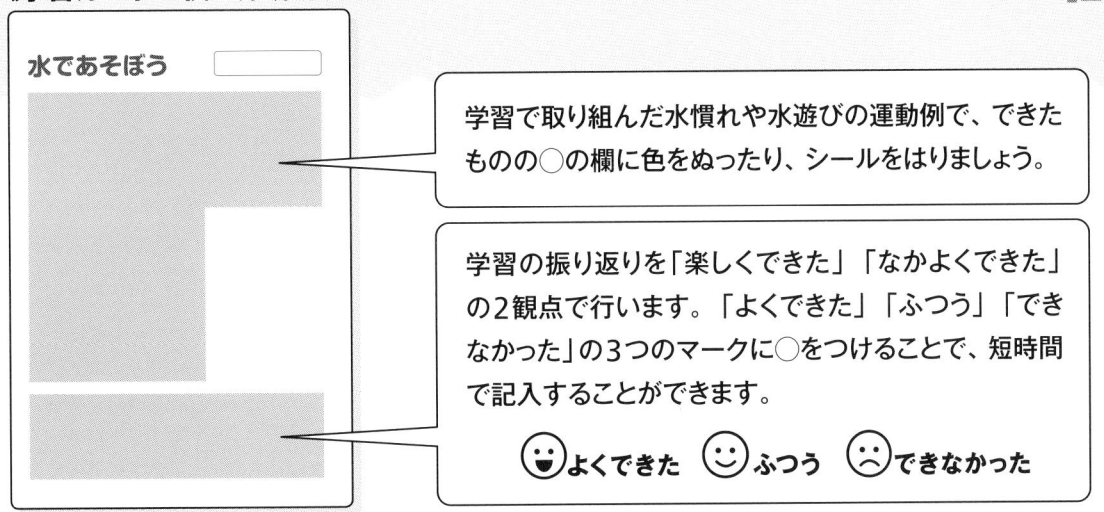

水であそぼう

- 学習で取り組んだ水慣れや水遊びの運動例で、できたものの○の欄に色をぬったり、シールをはりましょう。
- 学習の振り返りを「楽しくできた」「なかよくできた」の2観点で行います。「よくできた」「ふつう」「できなかった」の3つのマークに○をつけることで、短時間で記入することができます。

😀 よくできた　　🙂 ふつう　　☹ できなかった

《水遊びと評価》

リズム水あそび・水のなかで歩こう					
リズム水あそび	**たこさんぐにゃぐにゃ**	**ペンギンとことこ**	**ぞうさんパオー**	**カンガルージャンプ**
音楽のリズムに乗って、水の中で全身を動かして踊ることができる。	力をぬいて水に体を任せてくねくね歩くことができる。	つま先を上に上げてかかとで、とことこ歩くことができる。	手で大きく水をすくい上げ、体にかけながら歩くことができる。	水中から外に向かって、手のひらで水を押さえてジャンプすることができる。

水のなかで歩こう					
かにさんブクブク	**かばさんプハー**	**わにパックン**	**じゃんけんグリコ**	**水中にらめっこ**
口から連続的に泡を出しながら歩くことができる。	「プハー」と呼吸をしてもぐることが連続してできる。	壁に跳びつくことで浮く感覚を味わうことができる。	大股やジャンプで進むことができる。	水中で息を吐き、水面で息を吸い、もぐることを連続してできる。

みんなであそぼう				
水入れあそび	**これいくつ**	**お池にポチャン**	**宝探し**
たくさんの水をすくってかけることができる。	水の中で目を開けて、指を数えることができる。	おでこから水にもぐり、浮く感覚を味わうことができる。	水にもぐり、目を開けて宝を取ることができる。

リズム水あそびをもっと楽しくしよう・水の中で楽しくあそぼう					
リズム水あそび	**動物歩き**	**○○歩き**	**お池にポチャン**	**じゃんけん王様**
友達と動きを工夫したり、全身で弾んだりすることができる。	動物歩きをより大きくし、楽しむことができる。	動物の特徴をとらえて、自分で考えた動きで動くことができる。	おでこから水にもぐり、浮く感覚を楽しむことができる。	体の力をぬいて、運んでもらうことができる。

みんなで楽しくあそぼう					
水中じゃんけんおにごっこ	**ロンドン橋**	**トンネルあそび**	**ジャンプでゴー**	**島めぐり**
目を開けてじゃんけんをし、腕を使って走ることができる。	水に頭を沈めたり、水の流れに乗って歩いたり走ったりすることができる。	目を開けて水中にもぐり、体を操作してトンネルをくぐることができる。	腕を上手に使って、もぐったり、跳ねたりしてリレーをすることができる。	自由にもぐったり、ジャンプしたり、浮いたり、向きを変えたりすることができる。

教師用指導資料①

いろいろな水遊び

水中でのリラックスを促す遊び

●動物歩き・たこさんぐにゃぐにゃ

体の力をぬいて「くねくね」と歩きましょう。

●ぞうさんパオー

「パオー」とたくさん水をかけましょう。

●水かけっこ

プール中央付近のコースの上に2列で向かい合って並ぶ。水をかけ合い、ラインから出たら負け。

●じゃんけんグリコ

グーで勝ったら「グリコ」で3歩、チョキなら「チヨコレイト」、パーなら「パイナツプル」で6歩進む。反対側の壁までついたら得点。大股歩きを意識させる。

●じゃんけん列車

音楽に合わせていろいろな方向に歩き、音楽が止まったら近くの人とじゃんけんをする。じゃんけんに負けたら勝った人の後ろにつき、肩をもち、つながる。それを繰り返して長い列になっていく。

●陣取りじゃんけん

2チームに分かれ、対面する壁から1人ずつ出てきてじゃんけんをする。勝ったら進み、負けたら次の人が後ろから出てくる。相手の陣地まで先に着いたチームが勝ち。

低学年における水遊びの指導の展開例 II

[1年生・2年生]

● 水入れ遊び
玉入れの水中版。教師がもつ容器に、みんなで水をかけ入れ、その量を競う。

! 指導のポイント

《入れ物》
透明のプラスティック製の水槽やバケツ（100円ショップにあるようなもの）を使うと勝敗が一目で分かる。

《工夫》
追いかけ玉入れのように、容器を移動させると子どもの動きが広がる。また、どうしても遠くからの参加となってしまっている水が苦手な子どもの方に移動することで、参加の意識を促したり、水がかかったりする効果も得られる。

● はないちもんめ（昔遊び）
手をつなぎ、思いっきり前に進んだり、後ろに下がったりして水の中を歩いたり、足を蹴り上げたりする。

はじめは、4～6人で1グループをつくり、2グループが向かい合って行う。
　♪勝ってうれしい　はないちもんめ♪
　♪負けてくやしい　はないちもんめ♪

※「め」に合わせて、足を前に上げる。

♪勝ってうれしい　はないちもんめ♪
♪負けてくやしい　はないちもんめ♪
♪となりのおばさんちょいときておくれ♪
♪鬼が怖くていかれない♪
♪お布団かぶってちょいときておくれ♪
♪おふとんぼろぼろ行かれない♪
♪お釜かぶってちょいときておくれ♪
♪お釜そこぬけ行かれない♪
♪あの子がほしい。あの子じゃ分からん♪
♪この子がほしい。この子じゃ分からん♪
♪そうだんしよう。そうしよう♪

＊代表の子どもが出てじゃんけんをする。
　並び順にすると簡単。負けたら相手側に入る。

教師用指導資料②

いろいろな水遊び

🎯 水中でのリラックスを促す遊び

●鬼ごっこ：陸上で行う鬼ごっこを水中で行う

①手つなぎ鬼
陸上と同じルールで行う。鬼にタッチされたら手をつなぐ。鬼が4人になったら、2人ずつに分かれる。

②じゃんけん鬼ごっこ
プールの中央でじゃんけんをして、勝った方が逃げる。勝った人は、壁まで逃げることができたらセーフ。

③ねことねずみ
プール中央で2列になり、笛の合図に合わせてジャンプで待つ。笛が止まると、「ねこ（ねずみ）」と指示されたチームが相手チームを追いかける。追われているチームは壁まで逃げることができればセーフ。チーム名をマンガのキャラクターで似ている2つを選んでも楽しい。

「ジャンプ！」
「ピッピッピー！」

⬇

こっちの列は「ねこチーム」、こっちの列は「ねずみチーム」です。さあ、笛に合わせてジャンプジャンプ「ピッ、ピッ…」「ねずみ！」

はーい、ジャンプでもとの場所に戻ります。「ピッ、ピッ…」「ねこ！」

「つかまえるぞ！」
「かべまでいったらセーフ！」
「ねずみ！」

低学年における水遊びの指導の展開例 II

[1年生・2年生]

●**いろいろなリレー**：陸上で行うように、折り返しリレーや回旋リレーなどを行う

①**仲良しリレー**
1つのフープに2人が入って、フープをバトンにリレーをする。

②**ボール運びリレー**
頭でボールを押してリレーをする。顔を水に浸けて押すとやりやすいので、水に顔を浸ける機会となる。

③**2人でリレー**
じゃんけん王様（P.62参照）にあるようないろいろな運び方で、リレーをする。

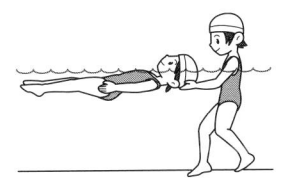

④**ジャンプでゴー**
水の中でジャンプをして進むリレーをする。

⑤**ロープくぐりリレー**
プール中央にはったコースロープをくぐってリレーをする。
《工夫》
・ロープの本数を増やす
・いろいろな走り方を指定する

●**水中じゃんけん・水中じゃんけん鬼ごっこ**
鬼ごっこやじゃんけん王様など、いろいろな場面で利用する。

●**これいくつ**
顔を入れて指の数をあてっこする。2人組だけではなく、グループでも行い、水上で同じ数を指で合図することもできる。深くすることで、もぐる感覚もつかめる。

●**ロンドン橋**
水面に何組か2人で手をつないで橋をつくる。他の子どもは歌いながら水にもぐってくぐる、歌の切れ目で橋にかかったら橋になる。「♪ロンドン橋、落ちた、落ちた、落ちた、ロンドン橋落ちた、ロンドン橋（橋を落とす）♪」。

教師用指導資料③

いろいろな水遊び

🎯 浮く感覚を身に付けさせる遊び

もぐる

●動物歩き・カンガルージャンプ
もぐってからジャンプする。少しずつ前に跳んだり、連続させたりして、浮く感覚、呼吸の感覚も身に付けさせる。

●宝探し
ルールに従って、宝拾い競争をする。碁石、市販のゴムキューブ、リング・スティックの他に、ホースを切った物（材質によって沈まないものもあるので注意）を用いる。

《ルールの工夫》
・1つ拾う度に所定の場所にもっていく
・拾う宝の色や形を決める
・数の制限を決める

《用具の工夫》
・あまりもぐれない子どもには、一部が浮いて取りやすい物を使う。

●トンネル遊び
フープをトンネルにしてくぐって遊ぶ。個人差に応じて、フープの深さを変えたり、2本のフープを使ってトンネルを長くしたりする。子どもが交替でフープをもったり、見学者がプールサイドからもってあげたりする。

また、難易度が増すが足を開いて立ち、股の下をくぐるなどの工夫もできる。

●シーソー
2人で両手をつなぎ、立ったり座ったりを交互に行う。

1人は水面に顔を上げ「ぎったん」、もう1人は「ばっこん」などとかけ声をかけると楽しい。また、バブリングをしながら行うと呼吸の練習にもなる。

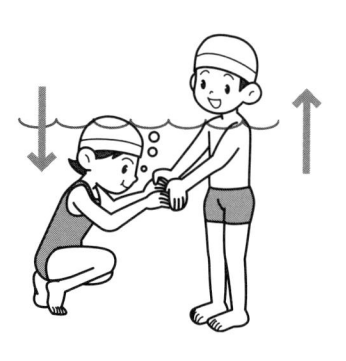

低学年における水遊びの指導の展開例　Ⅱ

[1年生・2年生]

● 島めぐり
　島（水面に浮いたフープ）をめぐってくる。
　《島のおきて》
　　①島に入る時は、下から
　　②島から出る時は、上から
　　③その日のルールに従う

　《ルール（例）》
　　・○つの島をめぐります
　　・何色の島をめぐれるかな
　　・笛が鳴るまでにいくつの島をめぐれるかな

首を水平にする

● お池にポチャン
　バディ（グループ）で両手をつなぎ、つくった池におでこからポチャンと顔を浸ける。浮くために欠かせない、首を水平にして頭まで水にもぐる姿勢を身に付けさせることをねらいとしている。
　実態に応じて、「だるまさん」などと声をかけて、もぐっている時間を長くすると浮く感覚を味わわせることができる。

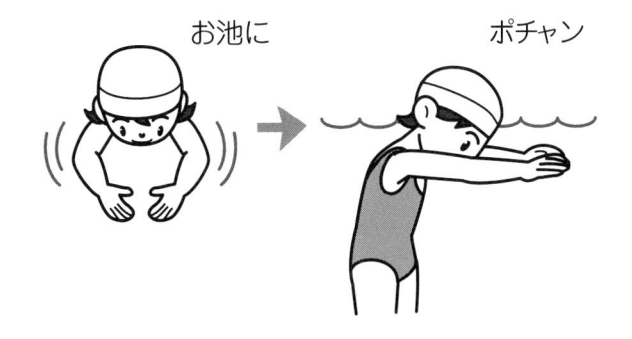

お池に　　ポチャン

できる人は、片足をちょっと離してみましょう！

● 水中ブルドーザー
　水中ブルドーザーに変身。手を床について歩いてみる。水深にもよるが、自然に浮く感覚を味わわせることができる。

教師用指導資料④

いろいろな水遊び

🎯 浮く感覚を身に付けさせる遊び

浮く

◉わにパックン
壁に跳びつくことですぐに壁をつかめるという安心感がある。それに加えて、跳びつく勢いが浮力となり、浮く感覚・進む感覚を味わうことができる。コースのライン等を目安に、少しずつ壁からの距離を離していくとよい。

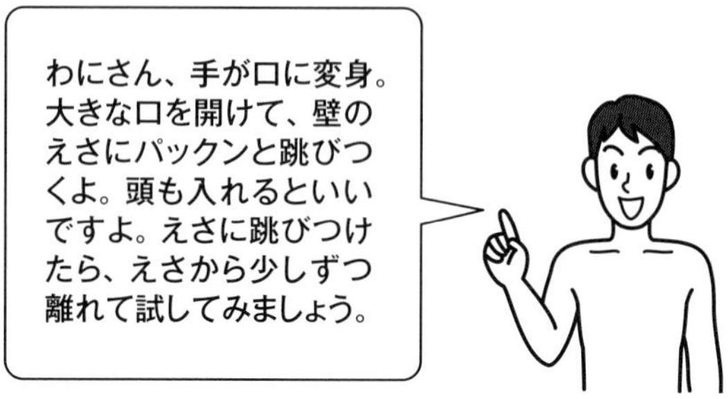

> わにさん、手が口に変身。大きな口を開けて、壁のえさにパックンと跳びつくよ。頭も入れるといいですよ。えさに跳びつけたら、えさから少しずつ離れて試してみましょう。

◉わにけんけん

> わにさん、手を前に出してけんけん。顔を水に浸けてごらん。

◉じゃんけん王様
じゃんけんで勝ったら王様になり、いろいろな姿勢で運んでもらう。

| おんぶで | 手をつないで | 肩をつかんで |

| 肩をつかんで | 背浮きで | 背浮きで頭を引いてもらって |

低学年における水遊びの指導の展開例 II

[1年生・2年生]

いろいろな姿勢での浮き

●くらげ浮き

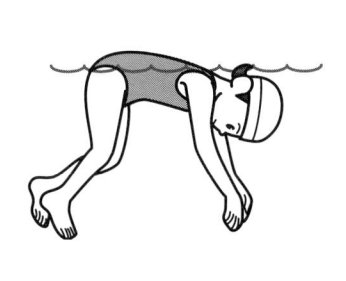

「手足の力をぬいて！」

●大の字浮き

「手足を広げて！」

●だるま浮き

「膝を抱いて！」

●ラッコ浮き

「浮き具を抱いて！」

●ウルトラマン浮き

「片手を上げて！」

●変身浮き
途中から浮き方を変える。
（例）・だるま浮きから大の字浮き
　　　・大の字浮きから背浮き

教師用指導資料⑤

いろいろな水遊び

🎯 呼吸の感覚を身に付けさせる遊び

バブリング

●**かにさんブクブク**
鼻のところまでしずんで、口や鼻から「ブクブク」と泡をいっぱいに出して横に進みます。

> 泡がいっぱい出ているかな？

●**おんまは走る♪**
歌に合わせて「おんまは走る、パッパカ走る、パッパカ走る…♪」と進みます。

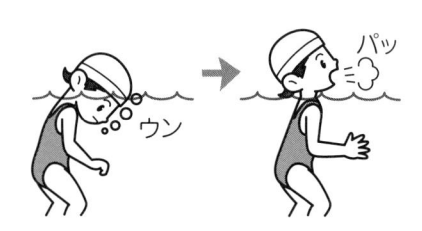

> 「うん」でもぐって、「パッ」で息をしよう！

ボビング

●**カンガルージャンプ**（P.60参照）

●**かばさんプハー**
水の中に顔を浸け（もぐり）プハーと水の上に出てくる。水から顔を上げたら、『プ』で口から息を吐いて、『ハー』で息を吸う。

>「プハーッ」

> 続けてできるかな。続けてプハーをしているかばさんもいますね。

●**水中にらめっこ**
バディやグループで両手をつないで、水中でにらめっこをする。息が苦しくなったら立って息を吸い、すぐにもぐる。立ったままになったら負け。水中で水を吐いて、水面で息を吸ってすぐにもぐるようにする。

> 水の中で息を吐きます。お友達の泡が見えるかな。
> ♪にらめっこしましょ、立ったら負けよ、あっぷっぷ♪

けのび姿勢

手のひらから足先までを水平にする

● **わにパックン**（P.62参照）

● **わにけんけん**（P.62参照）
顔を水に浸けたり、目標を遠くにすることで、次第に体が伸び、けのびの姿勢に近づく。

● **水中ロケット**
子どもの実態に応じて行う。半分の子どもが「5、4、3、2、1、0」とかけ声をかけて行う。蹴ったあと、「だるまさん」「だるまさんがころんだ」等と浮き身を続けてもよい。

水中ロケット
「5、4、3、2、1、0」
発射！

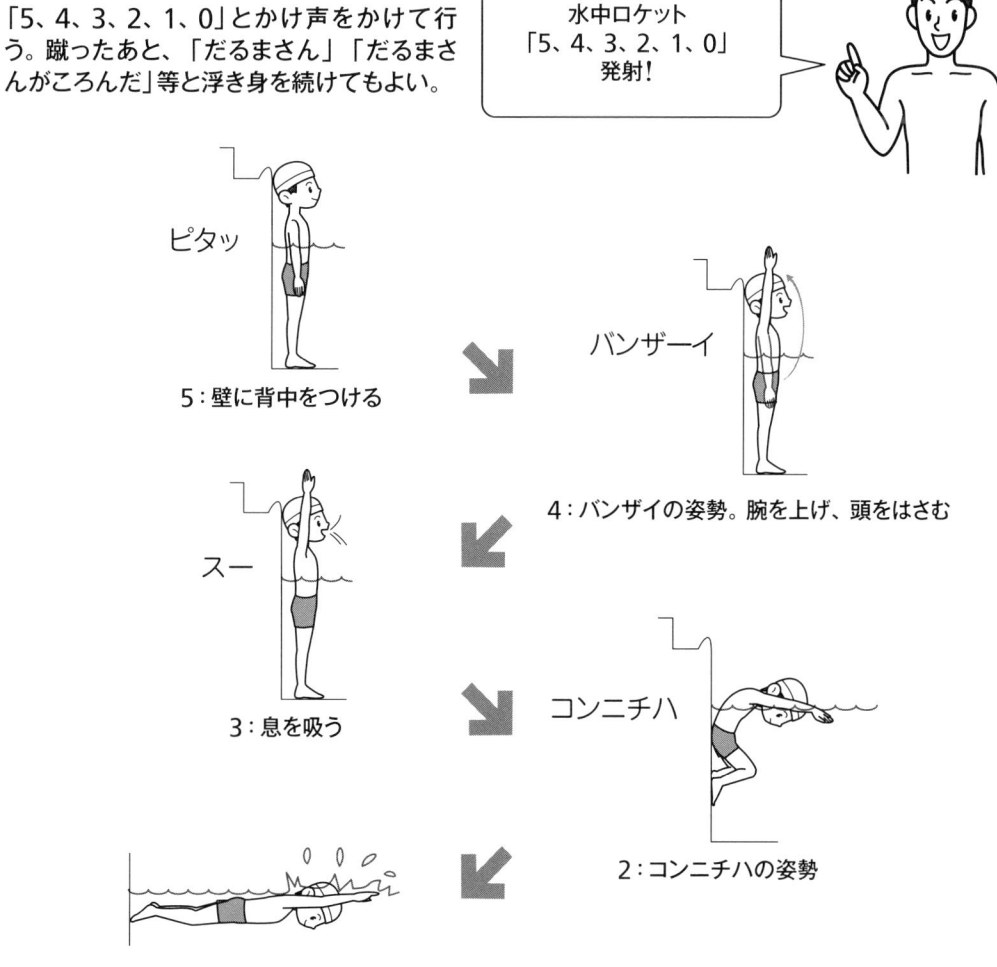

ピタッ
5：壁に背中をつける

バンザーイ
4：バンザイの姿勢。腕を上げ、頭をはさむ

スー
3：息を吸う

コンニチハ
2：コンニチハの姿勢

発射ー!!
1：両足を壁につける
0：壁を蹴る

＊フープをくぐるなどの工夫もできる。

教師用指導資料⑥

いろいろな水遊び

🎯 水中を進むための感覚を身に付けさせる遊び

蹴る・蹴り下ろす・蹴りはさむ

●ばたばた遊び（プールサイドに座って）（壁につかまって）
入水の時の水慣れとして行ってもよい。
- 浅くプールサイドに腰かけ、水を足の甲で下から上へ持ち上げる感じで。
- 親指を内側に向けて足首をやわらかく。
- 水面よりあまり足を高く上げない。

●ばたばた遊び（浮き具を使って）
ビート板・ヘルパー・ロングビート板・ペットボトルなどを使って、自由に浮いたり、ばたばたして進む感覚を楽しむ。ばた足の練習ではなく、感覚を大切にする。

ビート板　　ビート板　　ヘルパー　　ヘルパー

●ペンギンとことこ
かえる足の時の足首をつり上げる感覚を味わわせる。さらに、手をお尻の後ろに羽のように広げ、その手にかかとをタッチするようにすると、かえる足で引きつけた時の感覚に近づく。

しっかりつま先を上げて歩きましょう。かかとでお尻や手のひらをキックしてみましょう。

水をつかむ・かく・押す

●ばたばた遊び（プールサイドに座って）（壁につかまって）
次のような声かけによって手で水をつかむ、押す感覚を身に付けさせることができる。

◎かけっこ⇒「手をうまく使うと速く走れるね」
◎水かけっこ／◎ぞうさんパオー／◎水入れ遊び（P.57参照）
　⇒「水をたくさんかけよう」「遠くにかけよう」
◎カンガルージャンプ（P.60参照）
　⇒「しっかり水を押さえよう」「高くジャンプしよう」

低学年における水遊びの指導の展開例 Ⅱ

[1年生・2年生]

●ビート板に座ってどれだけ？
「ビート板に座ってどれだけいられるか」を競うことで、手のひらを8の字に動かしてバランスや浮き身をとるスカーリング（右図）を身に付けることができる。これは、水泳につながる大切な動きなので、遊びの中でつかませたい。

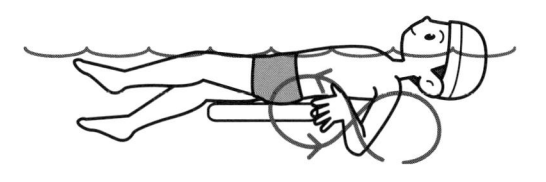

●飛び込む〔飛び下りる〕ハイポーズ
・必ず足から飛び下りる。
・足先がプールサイドにひっかかっているかを確認する。
・高く飛ぶことを意識させることによって、指先で蹴る感覚をつかませる。
・安全に配慮する。

けのび時の手のひらでの舵取り ＊3年生の「浮く・泳ぐ運動」での遊びとなる

●けのび遊び
けのびをした時に、手のひらを手首から向きをいろいろ変えて、進む方向が変わることを楽しむ。スタートの基礎となる。

●水中タクシー
けのびの姿勢をとり、足を後ろから押してもらうことで進む遊び。

●いるか跳び　●島めぐり(P.61参照)
いるかのように、ジャンプをしながらあごを引いて入水する。水に入ると手のひらを上向きに返したり、あごをあげ、体をそらすようにして、水面に浮かび上がる。
島めぐりでもこの動きを使うとうまく島から出て、次の島への移動が速くなる。実態に応じて、声かけをするとよい。

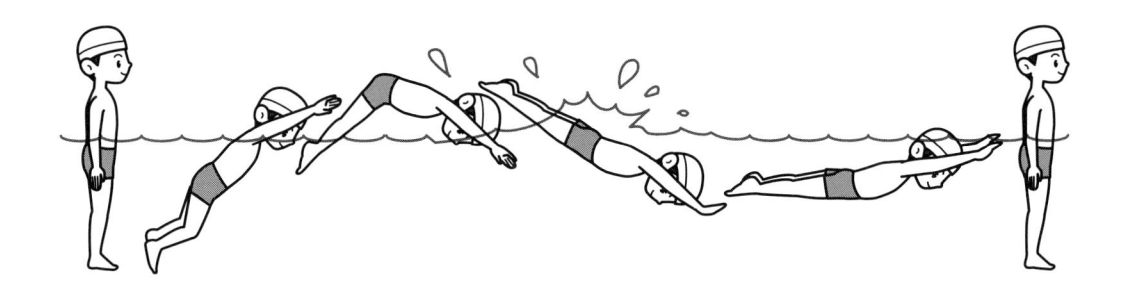

67

Ⅲ

中学年における浮く・泳ぐ運動の指導の展開例

[3年生・4年生]

3年生における浮く・泳ぐ運動の授業の進め方〈単元計画〉

学習のねらい
技能：水に浮いたり、補助具を使って泳いだりする楽しさを味わうことができる。
態度：きまりを守って仲良く運動したり、安全に気をつけたりすることができる。
思考・判断：運動の仕方を工夫したり、動き方のコツを見つけたりすることができる。

時	1	2	3	4	5
段階			みんなで一緒のめあてで		

0分　1. 準備運動
❗ クロールや平泳ぎにつながる動き方を取り入れる。

[動き方の例]
かえる足ジャンプ・ペンギン歩きなど

5分　2. 水慣れ・感覚づくりの運動
❗ 浮く・泳ぐ運動について、ゲームやリズム水泳、動き方を通して楽しく学ぶ。

[動き方の例]
「（補助具も使って）○○浮き」「伏し浮きタクシー」など（P.110参照）

《大の字浮き》　《ラッコ浮き（補助具）》　《ウルトラマン浮き》

20分　3. みんなが同じめあてに取り組む
❗ クロールや平泳ぎにつながる動き方を身に付ける（浮き方・進み方・呼吸法の基礎）。

[動き方の例]

1. 伏し浮き⇒立ち方　2. けのび　3. 呼吸　4. ビート板キック　5. ばた足泳ぎ

35分　4. 確かめ
❗ 確かめる内容を1つ、その時間のめあてから教師が提示する。

[確かめる内容の例]
「力をぬくコツは？」「水中での姿勢は？」など

40分　5. 振り返り・整理運動
❗ 動きのコツを言葉で押さえておく。

45分

中学年における浮く・泳ぐ運動の指導の展開例 **Ⅲ**

[3年生]

！ 授業づくりのポイント
- 動きのコツをもとに、意図的・系統的に技能の蓄積を図りましょう。
- 動きを見合うペアを活用し、教え合う時間を確保しましょう。
- 中学年で大切にしたい動き・感覚は「力をぬく」「頭を起こさずに推進する」「基本的な手足の動かし方」「呼吸の仕方」などです。

6	7	8	9	10
		一人一人のめあてで		

《手を引いてタクシー》

《足を押してタクシー》

《水中ロケット》
5・4　　　　　1・0
3・2

慣れ・感覚づくりの運動から

6. 面かぶりクロール　　7. かえる足泳ぎ

8. 10mに1〜2回呼吸するクロールや平泳ぎ

3. 自分のめあてに取り組む

！ 動きのコツを言語化させる（ペアに伝える・先生に伝える）ことで、体の動かし方をより明確にする。

[めあての例]「10mで1〜2回呼吸して泳ぐ」など

- 体全体をコロンと横にころがして呼吸しやすくする
- パッと息を吐きながら顔を上げる
- 足全体をやわらかく動かしてばた足をする
- グイーングイーンとかく

！ ペア学習でお互いのめあてを確認し、見合う視点を明確にしましょう。

45分の展開例①

本時のねらい（1～3／10時）
- 力をぬいて「水に浮く」楽しさを味わうことができる。
- 互いに動きを見合い、動き方のコツを伝え合うことができる。

形態	時間	子どもの活動
一斉	5分	◎整列・挨拶・今日の学習の流れを知る ◎準備運動（力をぬく動きを）⇒腰洗い・シャワー
一斉	15分	**1. 水慣れ・感覚づくり** ●大の字浮き ・手足の力をぬく感覚。 ●ラッコ浮き ・ペットボトルを使って背浮きを楽しむ。 ・慣れてきたらいろいろなもち方でペットボトルをもち、体が浮く感覚を楽しむ。 　おなかで　　背中で　　首の後ろに
一斉	15分	**2. みんなが同じめあてに取り組む** ●けのび ・頭を起こさず、水の中を進む感覚を楽しむ。 ・慣れてきたら距離を競う楽しみ方もある。 ●フープくぐり ・壁を蹴ってフープをくぐる。
ペア	5分	**3. 確かめの時間** ・1人が「けのび」をし、もう1人はプールサイドの上からできばえを確認する。 ・気づいたコツを言葉で伝え合う。
一斉	5分	◎今日の学習を振り返る ◎次の時間の予告、整理運動、挨拶、洗眼、シャワー

中学年における浮く・泳ぐ運動の指導の展開例 Ⅲ

[3年生]

😊 教師の指示、言葉かけ	❗ 指導のポイント
●**整列・準備運動** 「これからペアを確認します。隣と間隔をあけて、きちんと並びましょう」 「ペアの役割は2つあります。1つはお互いに教え合うこと。もう1つはお互いの安全を確認し合うことです」 「今日のめあてと、学習の流れを確認します」 「今日のめあては『力をぬいて水に浮くこと』です。まず…」 「シャワーを浴びたら今の場所に体育座りで待ちます」 ●**水慣れ・感覚づくり** 「ペアの中で1番・2番を決めておきましょう」 「1番の人がペットボトルを取りに来てください。片付けは2番の人です」 「お互いのもち方を真似してみましょう」 ●**けのび** 「まずは1番の人から始めます。2番の人は1番の人が見えやすい場所に動きましょう。プールサイドに立ってもいいですよ」 「頭の位置はどうなっていますか？」 「次はけのびの距離を競ってみましょう。進まなくなった場所でゆっくり立ちます」 「けのびのコツは何でしょう。コツがつかめた人はいますか？上手くつかめない人はペアと相談してみましょう」 ●**確かめの時間** 「けのびのコツは何でしたか？ ペアの動きを見ながら、まずは自分の言葉で確認します」 「次にそのコツを意識しながら、けのびをしてみましょう」	●**大の字浮き** ・なかなか力をぬくことができない子どもには、2つの理由が考えられる。 　①水への恐怖心が強い ・この場合は教師が補助に入り、声かけや体を支える支援を通して、少しずつ脱力する感覚をつかませるようにする。 　②力をぬく感覚がつかめない ・この場合、逆に一度思い切り体に力を入れた状態を経験させ、そこから少しずつ力をぬかせていくとよい。 ●**ラッコ浮き** ペットボトルは身近で工夫もしやすい補助具である。 《大きさを変える》 2ℓ ⟶ 500㎖ 《つなげる》 カラフルなガムテープでとめるとGood! 《大き目の袋に入れる》

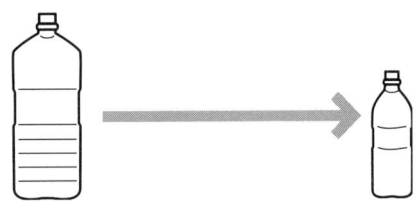

45分の展開例②

本時のねらい（4～5／10時）
- 力をぬいて「頭を起こさずに推進する」ことができる。
- 互いに動きを見合い、動き方のコツを伝え合うことができる。

形態	時間	子どもの活動
一斉	5分	◎整列・挨拶・今日の学習の流れを知る ◎準備運動（力をぬく動きを）⇒腰洗い・シャワー
一斉	15分	**1. 水慣れ・感覚づくり** ●ウルトラマン浮き ・手足を伸ばし、力をぬいて浮く。 ・頭を起こさずに浮く。 ●ケンケンからウルトラマン浮き ・水中でゆっくりケンケンをしてから手足を伸ばして浮く。 ・腕を前にしてケンケン。 ・肩まで水にいれる。
一斉	15分	**2. みんなが同じめあてに取り組む** ●ビート板キック ・クロールにつながるように、基本的な足の動かし方を知る。 ・慣れてきたら、頭を起こさないようにする。 ポイント！　親ゆびがさわるようにうつ ひじをのばしてビート板にのせてね 足首やひざをのばしてね けのびのしせいでね
ペア	5分	**3. 確かめの時間** ・1人が「ビート板キック」をし、もう1人はプールサイドの上からできばえを確認する。 ・気づいたコツを言葉で伝え合う。
一斉	5分	◎今日の学習を振り返る ◎次の時間の予告、整理運動、挨拶、洗眼、シャワー

中学年における浮く・泳ぐ運動の指導の展開例 III

[3年生]

😊 教師の指示、言葉かけ	❗ 指導のポイント
●**整列・準備運動** 「今日のペアを確認しましょう。きちんと並びます」 「ペアの役割は2つありました。1つはお互いに教え合うこと。もう1つはお互いの安全を確認し合うことでしたね」 「今日のめあてと、学習の流れを確認します」 「今日のめあては『頭を起こさずに水の中を進むこと』です。まず…」 「シャワーを浴びたら今の場所に体育座りで待ちます」 ●**水慣れ・感覚づくり** 「ペアの中で1番・2番を決めておきましょう」 「1番の人からウルトラマン浮きに挑戦します。2番の人は1番の人が見やすい場所に動きましょう。プールサイドに立ってもいいですよ」 ●**ビート板キック** 「まずは1番の人がビート板を取ってきてください。片付けは2番の人です」 「頭の位置はどうなっていますか？」 「ビート板キックのコツは何でしょう。コツがつかめた人はいますか？ 上手くつかめない人はペアと相談してみましょう」 ●**確かめの時間** 「ビート板キックのコツは何でしたか？ ペアの動きを見ながら、まずは自分の言葉でコツをまとめてみましょう」 「次にそのコツを意識しながら、ビート板キックをしてみましょう」	●**推進力を利用した脱力感・浮遊感** ・水への抵抗感が強い子どもには、水中を推進する中で脱力感・浮遊感を味わわせることも有効である。 《ケンケンから》　　　《大また歩きから》 ●**ビート板のもち方** ・ビート板の上に腕をのせるようにし、指を軽く引っ掛けるようにする。 ひじをのばして 腕をビート板にのせる感じ ●**プールサイドのつかまり方** ・手首を向かい合わせるようにし、腕を上下に開いて壁をもつと体を支えやすい。

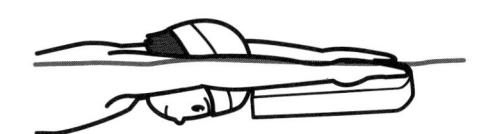

45分の展開例③

🎯 本時のねらい（6〜7／10時）
- クロールにつながる「基本的な手足の動かし方」を行うことができる。
- 互いに動きを見合い、動き方のコツを伝え合うことができる。

形態	時間	子どもの活動
一斉	5分	◎整列・挨拶・今日の学習の流れを知る ◎準備運動（力をぬく動きを）⇒腰洗い・シャワー
一斉	15分	**1. 水慣れ・感覚づくり** ●伏し浮きタクシー ①手を引いてもらって ・力をぬいて頭を起こさずに推進する。 ②足を押してもらって ・自らけのびの基本的な姿勢を意識する。 （「力をぬいて」「せえの」）
一斉	15分	**2. みんなが同じめあてに取り組む** ●面かぶりクロール ・頭を起こさずに、クロールにつながる基本的な手足の動かし方を知る。 ・しっかり腿まで手をかき、足は腿の付け根からゆっくり動かす。
ペア	5分	**3. 確かめの時間** ・1人が「面かぶりクロール」をし、もう1人はプールサイドの上からできばえを確認する。 ・気づいたコツを言葉で伝え合う。
一斉	5分	◎今日の学習を振り返る ◎次の時間の予告、整理運動、挨拶、洗眼、シャワー

中学年における浮く・泳ぐ運動の指導の展開例 **Ⅲ**

[3年生]

😊 教師の指示、言葉かけ	❗ 指導のポイント
●**整列・準備運動** 「今日のペアを確認します。準備はいいですか？」 「ペアの役割は2つあります。何と何でしたか？」 「今日のめあてと、学習の流れを確認します」 「今日のめあては『クロールにつながる基本的な動き方を知ること』です。まず、けのびから始めます」 「シャワーを浴びたら今の場所に体育座りで待ちます」 ●**水慣れ・感覚づくり** 「2つの伏し浮きに挑戦します。まずはプールサイドから先生の動きを見ていてください」 「手を引いてもらっている時には、○○することに気をつけましょう。足を押してもらっている時には○○に気をつけましょう」 ●**面かぶりクロール** 「まずは1番の人から始めます。2番の人は1番の人が見えやすい場所に動きましょう。プールサイドに立ってもいいですよ」 「頭の位置はどうなっていますか？」 「コツは何でしょう。コツがつかめた人はいますか？上手くつかめない人はペアと相談してみましょう」 ●**確かめの時間** 「面かぶりクロールのコツは何でしたか？ ペアの動きを見ながら、まずは自分の言葉で確認します」 「次にそのコツを意識しながら、面かぶりクロールをしてみましょう」	●**手のつかまり方** ・相手の手のひらに、自分の手のひらを重ねるようにするとよい（ギュッとつかむと肩に力が入りやすい）。 手のひらを重ねるように ●**面かぶりクロールの練習** 《手の動かし方》 ・ビート板を使って片手ずつ動かす（片方の手が戻ってきたら、一方の手を動かす）。 両手が揃ったら 《足の動かし方》 ・補助する際、子どもの腹部を膝で支え（体を浮かせ）、子どもの膝をもって足全体をしならせるように動かす。 ※足首を伸ばすようにする 足首をやわらかく伸ばして！

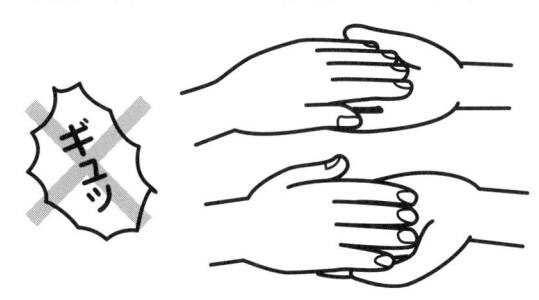

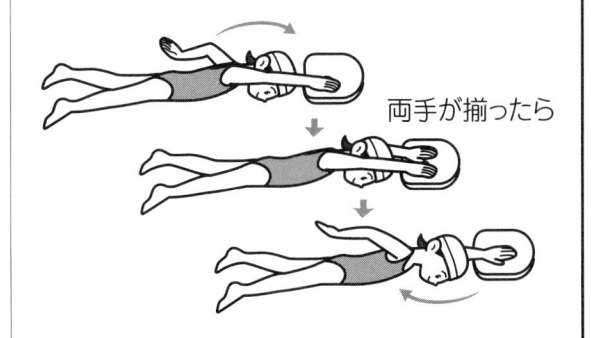

45分の展開例④

🎯 本時のねらい（8～10／10時）
- 自分のめあてに沿って、動き方を工夫することができる。
- 気づいた動き方のコツを言語化して伝えることができる。

形態	時間	子どもの活動
一斉	5分	◎整列・挨拶・今日の学習の流れを知る ◎準備運動（力をぬく動きを）⇒腰洗い・シャワー
一斉	15分	**1. 水慣れ・感覚づくり** ●水中ロケット（P.112参照） ・水中で壁を蹴り、けのびの姿勢を意識しながら水の中を進む。 ・あごを引き、頭を起こさずに水中を進む感覚を楽しむ。 腕は耳のうしろに　　息をすって　　もぐってから蹴る
一斉	15分	**2. 一人一人が自分のめあてに取り組む** ●ばた足でひざや足首を伸ばす 足首がまがっているよ　　足首やひざをのばしてね　　けのびのしせいでね　　《けのびからばた足へ》
ペア	5分	**3. 確かめの時間** ・お互いのめあてに沿って、気づいたコツをお互いに伝え合う。 ・コツを意識しながら1人が泳ぎ、ペアがプールサイドからできばえを確認する。
一斉	5分	◎今日の学習を振り返る ◎次の時間の予告、整理運動、挨拶、洗眼、シャワー

III 中学年における浮く・泳ぐ運動の指導の展開例

[3年生]

😊 教師の指示、言葉かけ	❗ 指導のポイント
●整列・準備運動 「今日のペアは確認できていますか？ お互いにペアの役割を確認してください」 「今日のめあてと、学習の流れを確認します」 「今日のめあては『自分のめあてに沿って動き方を工夫すること』です」 「シャワーを浴びたら今の場所に体育座りで待ちます」 ●水慣れ・感覚づくり 「頭の位置はどうなっていますか？」 「次は距離を競ってみましょう。進まなくなった場所でゆっくり立ちます」 「コツは何でしょう。コツがつかめた人はいますか？ 上手くつかめない人はペアと相談してみましょう」 ●自分のめあてに沿って練習に取り組む 「自分のめあてをペアに伝えてください。1番の人から始めます。5分たったら笛を吹きますので、2番の人に交代します」 「1回ごとによい部分・直した方がよい部分を言葉で伝えてください」 「残り5分はペアで相談し、どちらか、もしくは2人でできばえを確かめ合ってください」 ●確かめの時間 「動きのコツは何でしたか？ きちんと言葉で伝えられましたか？」 「そのコツを意識しながら、まず1番の人が泳ぎます。2番の人は1番の人が見やすい場所に動きましょう。水中での観察やプールサイドに立ってできばえを確かめましょう」	●水中ロケット 《目標を決めて》 　例：ペアのいるところをめざして （イラスト：「それっ」「当たっちゃう！」） 《トンネルくぐり》 ・必ず教師の目が届くところで行う ①フープを使って　　　②ペアの股の下を （イラスト） 《水中で体の向きを変える》 ・指先の向きを変えるだけで、水中を進む体の向きが変わる。 　①指先を上げる　⇒　体が浮き上がる 　②手のひらを合わせ、指先を右に 　　　　　　　⇒　体全体も右に曲がる 水中けのびから… 　上げると体も… 　曲げると体も…

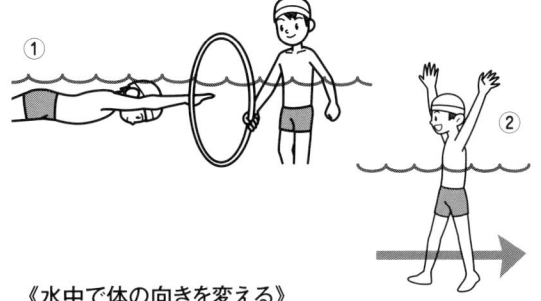

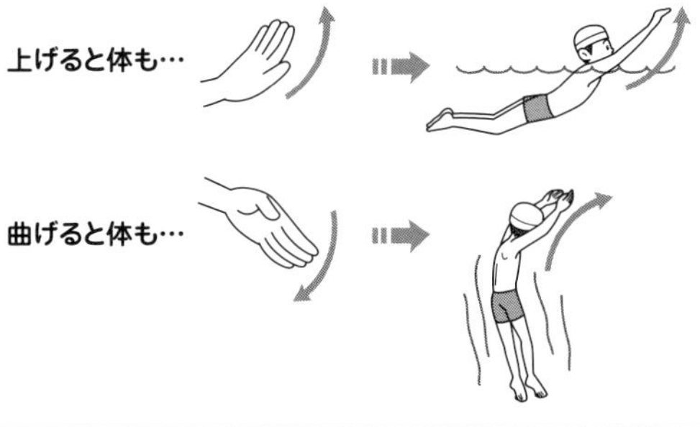

4年生における浮く・泳ぐ運動の授業の進め方〈単元計画〉

学習のねらい
技能：水に浮いたり、初歩のクロールや初歩の平泳ぎで泳ぐ楽しさを味わうことができる。
態度：きまりを守って仲良く運動したり、安全に気をつけたりすることができる。
思考・判断：自分のめあてにあった活動を選んで取り組むことができる。

時	1	2	3	4	5
段階			みんなで一緒のめあてで		

0分　1. 準備運動
! クロールや平泳ぎにつながる動き方を取り入れる。

[動き方の例]
　かえる足ジャンプ・ペンギン歩きなど

5分　2. 水慣れ・感覚づくりの運動
! 浮く・泳ぐ運動について、リズム水泳やかえる足につながるゲームを通して楽しむ。

[リズム水泳について]
　リズムに合わせて浮く・泳ぐ感覚を楽しむ（P.104・105参照）

《かえる足ビーチフラッグス》

[ゲームの例]
　「かえる足ビーチフラッグス」
　「かえる足ずもう」
　「かえる足ドンじゃんけんポン」
　（右図参照　ゲーム内容P.114・115参照）

20分　3. みんなが同じめあてに取り組む
! クロールや平泳ぎの泳法につながる動きづくりを系統的に選択する。

[めあての例]
　「かえる足泳ぎ」「平泳ぎのリズム」「初歩のクロール」など（P.106〜109参照）

《かえる足泳ぎ》

①すわって
　1. 足を引きつける
　2. 足の指がパーになるように足首を返す
　3. 蹴りはさむ

②プールサイドで
　1　かかとを壁につける
　2　足を伸ばす

35分　4. 確かめ
! 続けて泳ぐ。確かめる内容を1つ、その時間のめあてから教師が提示する。

[確かめる内容の例]
　「かえる足のコツは？」「平泳ぎのリズムは？」など

40分　5. 振り返り・整理運動
! 動きのコツを言葉で押さえておく。

45分

中学年における浮く・泳ぐ運動の指導の展開例 **Ⅲ**

[4年生]

授業づくりのポイント
- 「初歩のクロール・初歩の平泳ぎ」の動き（浮くこと・呼吸すること）を明確にして取り組むようにします。
- リズムに合わせて動きを子どもがイメージしやすいように、「1、2、パッ、4」「スー、パッ、ポン、スー」という具体的な言葉かけを使って取り組みます。

6	7	8	9	10
		一人一人のめあてで		

《かえる足ずもう》

体全体をコロンと横にころがして呼吸しやすくする

パッと息を吐きながら顔を上げる

足全体をやわらかく動かしてばた足をする

グイーングイーンとかく

3. 自分のめあてに取り組む

動きのコツを言語化させる（ペアに伝える・先生に伝える）ことで、体の動かし方をより明確にする。

[めあての例]
「1、2、パッ、4のリズムで泳ぐ」「スー、パッ、ポンで泳ぐ」など
（P.106・108参照）

③かべもちかえる足　④ビート板かえる足

1
2でパー
2
足と足がつくまで

みんなで取り組んだ運動から →

かかとをおしりに引きつけて

足のかかとで蹴るようにしよう

最後は足を伸ばして

足首をしっかり返してね

足首が返ってないよ

いそがないでゆっくりやろう

45分の展開例①

🎯 本時のねらい（1～3 ／ 10時）
● きまりを守って仲良く運動したり、安全に気をつけたりすることができる。
● 水に浮いたり、補助具を使って泳いだりする楽しさを味わうことができる。

形態	時間	子どもの活動
全体	5分	◎整列・挨拶・今日の学習の流れを知る ◎準備運動・腰洗い・シャワー
一斉	15分	**1. 水慣れ・感覚づくり** ●**リズム水泳**（P.104参照） ・音楽に合わせて、浮く・泳ぐ感覚を楽しむ。 ・グループで少し動きを変えるなどして楽しむ。
一斉	15分	**2. みんなが同じめあてに取り組む** ●**かえる足をやってみよう**（P.109・114参照） ・プールサイドでかえる足 　1. 足を引きつける　2. 足の指がパーになるように足首を返す　3. 蹴りはさむ ・壁もちかえる足 　1 パー　かかとを壁につける　2 足を伸ばす ・ビート板かえる足
一斉	5分	**3. 確かめの時間** ・教師から提示されたその時間のめあてを意識して続けて泳ぐ。
全体	5分	◎今日の学習を振り返る ◎次の時間の予告、整理運動、挨拶、洗眼、シャワー

中学年における浮く・泳ぐ運動の指導の展開例 III

[4年生]

😊 教師の指示、言葉かけ	❗ 指導のポイント

●同じめあてで取り組む【流し方（かえる足）】

《プールサイドでかえる足》
「かかとをおしりに引きつけましょう」
「足首を曲げて丸く蹴り、はさみましょう」
「足の裏で水を押し出しましょう」
「蹴り終わったら両足を伸ばしましょう」
「1、パッ、2のリズムでやりましょう」

《壁もちかえる足》
「かかとをおしりに引きつけてから蹴り出そう」
「足の裏で水を押し出しているかな？」
「蹴り終わったら両足を伸ばしましょう」
「1、パッ、2のリズムができてるかな？」

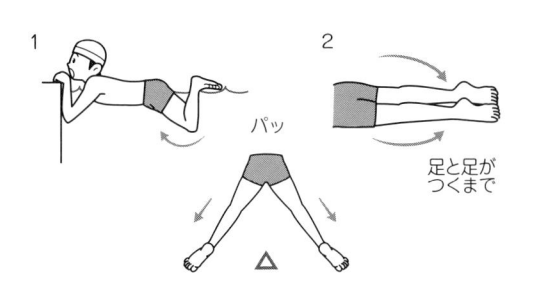

1　　　　2
パッ
足と足が
つくまで

《ビート板かえる足》
「足が閉じるまでしっかり蹴り込みましょう」
「パッのとき足を引きつけよう」
「足を見ながらやってみよう」

「パー！」　足を見ながら

●リズム水泳について
・音楽に合わせて、浮く・泳ぐ感覚を楽しむことをねらいとして行う。
・慣れてきたら、グループや全体の動きに合わせて取り組むこともねらいとしていく。

●確かめ
・みんなが同じめあてで取り組んだことを振り返るために行う。
・この時間では、ビート板かえる足でプールの縦の方向に泳ぎ、自分で「1、パッ、2」と言ったり、リズムを意識したりして泳ぐ。

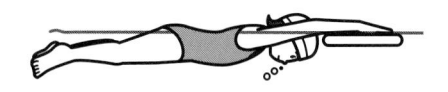

83

45分の展開例②

🎯 本時のねらい（4～5／10時）
- きまりを守って仲良く運動したり、安全に気をつけたりすることができる。
- 水に浮いたり、泳いだりする楽しさを味わうことができる。

形態	時間	子どもの活動
全体	5分	◎整列・挨拶・今日の学習の流れを知る ◎準備運動・腰洗い・シャワー
一斉	15分	**1. 水慣れ・感覚づくり** ●かえる足ドンじゃんけんポン（P.114参照）　●かえる足ビーチフラッグス（P.115参照） ＊ゲームを通して浮く・泳ぐ感覚を楽しむ。
一斉	15分	**2. みんなが同じめあてに取り組む** ●平泳ぎのリズムをやってみよう 　・歩きながら「スー、パッ、スー」 　・伏し浮きで「スー、パッ、ポン、スー」 　・ある程度の距離を泳ぐ
一斉	5分	**3. 確かめの時間** ●確かめ 　・教師から提示されたその時間のめあてを意識して続けて泳ぐ。
全体	5分	◎今日の学習を振り返る ◎次の時間の予告、整理運動、挨拶、洗眼、シャワー

中学年における浮く・泳ぐ運動の指導の展開例 Ⅲ

[4年生]

😊 教師の指示、言葉かけ	❗ 指導のポイント
●**平泳ぎのリズム** 「スーでけのびをしましょう」 「水の中で息を吐きましょう」 「パッで呼吸しながらひざを曲げましょう」 「ポンですぐに頭を入れましょう」 「スーで体が浮いてくるまで待ちましょう」 ●**同じめあてで取り組む** 《歩きながらスー、パッ、スー》 「顔を入れて歩こう」 「手のひらで水を押さえて、その水を胸にかき込んで、顔を前に上げるんだよ」 「顔を入れながら腕を前に出してね」 《伏し浮きでスー、パッ、スー》 「体が浮いてくるまで立たないでね」 「スーのときに息を吐いてね」 《連続でスー、パッ、ポン》 「リズムをとって泳ごう」 「十分に伸びをとろう」	●**かえる足ドンじゃんけんポン** ・基本的には、ドンじゃんけんポンと同じルールで行う。これに、必ずかえる足で取り組むことを、付け足して取り組むようにする。 ●**かえる足ビーチフラッグス** ・競争にこだわりすぎて、フォームが雑にならないように言葉かけをする。 ●**めあてに取り組む** ・友達に横で声をかけてもらい、続けて行わず、一つ一つの動きを終えたらやめる。 ・かえる足ができていなくても、リズムをとることに集中して取り組む。 ●**確かめ** ・みんなが同じめあてで取り組んだことを振り返るために行う。この時間では、歩きながら・伏し浮き・泳ぐを選ばせ、「スー、パッ、ポン、スー」を意識させて確かめるようにする。

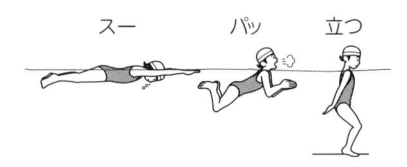

45分の展開例③

🎯 本時のねらい（6〜7／10時）
- きまりを守って仲良く運動したり、安全に気をつけたりすることができる。
- 水に浮いたり、初歩の平泳ぎに取り組みながら楽しさを味わうことができる。

形態	時間	子どもの活動
全体	5分	◎整列・挨拶・今日の学習の流れを知る ◎準備運動・腰洗い・シャワー
一斉	15分	**1. 水慣れ・感覚づくり** ●リズム水泳（P.104参照） ・音楽に合わせて、浮く・泳ぐ感覚を楽しむ。 ・グループで少し動きを変えるなどして楽しむ。
一斉	15分	**2. みんなが同じめあてに取り組む** ●初歩の平泳ぎをやってみよう 　◎かえる足をやってみよう　　　　◎スー、パッ、ポンのリズムで長く泳ごう 　　・プールサイドでかえる足　　　　・歩きながらスー、パッ、スー 　　・壁もちかえる足　　　　　　　　・伏し浮きでスー、パッ、スー 　　・ビート板かえる足　　　　　　　・連続でスー、パッ、ポン
一斉	5分	**3. 確かめの時間** ●確かめ ・教師から提示されたその時間のめあてを意識して続けて泳ぐ。
全体	5分	◎今日の学習を振り返る ◎次の時間の予告、整理運動、挨拶、洗眼、シャワー

III 中学年における浮く・泳ぐ運動の指導の展開例

[4年生]

😊 教師の指示、言葉かけ	❗ 指導のポイント
●学習の流れの確認 「今日は初歩の平泳ぎをやりましょう」 「かえる足や平泳ぎのリズムをもう一度思い出してみましょう」 「かえる足のリズムの『1、パッ、2』や平泳ぎのリズムの『スー、パッ、ポン、スー』を意識して取り組みましょう」 ●リズム水泳 「水中でリズムに合わせて体を動かしましょう」 「みんなとリズムを合わせてみましょう」 「リズムに合わせて楽しみましょう」 ●確かめ 「続けて泳いでみて今日の振り返りをしましょう」 「『スー、パッ、ポン、スー』を意識して泳ぎましょう」 「泳げない人は、ビート板を使ってかえる足を確認しましょう」 ●学習の振り返り 「今日は初歩の平泳ぎを学習しました。『スー、パッ、ポン、スー』を意識して取り組むことができましたか？」 「ビート板を使ってかえる足に取り組んだ人は『1、パッ、2』のリズムで泳げましたか」	●リズム水泳 ・体をリラックスさせ、声をかけさせる（水に慣れるようにさせる）。 ・リズムにのって思い切り体を動かすように指示する。 ・動きの変わり目で声をかけて、動きの確認をする。 ●同じめあてに取り組む ・この時間では、今までやってきたことを、もう一度取り組み、初歩の平泳ぎで泳ぐようにする。 ●確かめ ・みんなが同じめあてで取り組んだことを振り返るために行う。 ・この時間では、初歩の平泳ぎに取り組む。 ・泳げない子どもについては、補助具を使ってかえる足を意識して取り組むようにする。

45分の展開例④

本時のねらい（8〜10／10時）
● 自己に合っためあてをもち、友達と協力して取り組むことができる。
● 水に浮いたり、自己のめあてにあった泳ぎに取り組みながら楽しさを味わうことができる。

形態	時間	子どもの活動
全体	5分	◎整列・挨拶・今日の学習の流れを知る ◎準備運動・腰洗い・シャワー
一斉	15分	**1. 水慣れ・感覚づくり** ●かえる足ドンじゃんけんポン（P.114参照） ●かえる足ビーチフラッグス（P.115参照） ●かえる足ずもう（P.114参照） ＊ゲームを通して浮く・泳ぐ感覚を楽しむ。
ペア	15分	**2. 自分のめあてに取り組む** ・自分が取り組むめあて（かえる足や平泳ぎのリズム）に合わせて、ペアで学習に取り組む。 （吹き出し：かかとをおしりに引きつけて／足のかかとで蹴るようにしよう／最後は足を伸ばして／足首をしっかり返してね／足首が返ってないよ／いそがないでゆっくりやろう）
ペア	5分	**3. 確かめの時間** ●確かめ ・ペアで見合いながら、プールの方向を縦に泳いで本時の確かめをする。
全体	5分	◎今日の学習を振り返る ◎次の時間の予告、整理運動、挨拶、洗眼、シャワー

中学年における浮く・泳ぐ運動の指導の展開例 Ⅲ

[4年生]

😊 教師の指示、言葉かけ	❗ 指導のポイント
●かえる足ドンじゃんけんポン 「ビート板を使ってかえる足で泳いでいこう」 「負けたら、かえる足で泳いで戻ってこよう」 「相手の陣地までたどり着いたら勝ちです」 ●かえる足ビーチフラッグス 「かえる足で泳いでフラッグを取ろう」 「先にフラッグを取った方が勝ちです」 ●かえる足ずもう 「お互いがかえる足で押し合おう」 「○秒間で多く押し続けた人が勝ちです」 「足の動きを意識しよう」 ●ペア学習 「ペア学習は2人組で学習を進めます」 「ペアではお互いのめあてを伝え合いましょう」 「『1、パッ、2』と言いながら見よう」 「『スー、パッ、ポン、スー』と言いながら泳ぎを見よう」	●ペア学習のコース （2列で並ぶ／かえる足コース／スーパッポンコース／T1・T2・T3・T4） ●めあての立て方 ・かえる足か平泳ぎのリズムのどちらかをめあてにして取り組むようにする。 ●ペア学習の仕方 ・泳ぐ子どもとプールサイドから見る子どもに分け、順番で泳ぐようにする。 ・プールサイドから見る子どもは、かえる足のリズムや「スー、パッ、ポン」のリズムを意識して見るようにする。

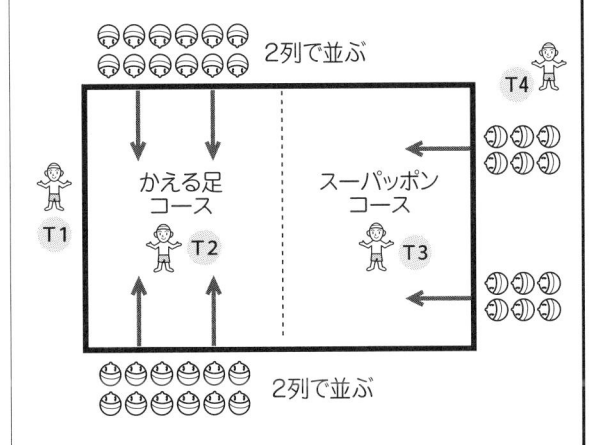

中学年の資料

[3年生・4年生]

学習カード

浮く・泳ぐ運動学習カード

3年　　組　　番　名前	
今年の目標	〈泳ぎ〉 〈学び方〉

時 月日	学習したこと	◎ 楽しく	○ 安全に	△ できた
1 ／	ふしうき ⇒ 立ち方			
2 ／	けのび			
3 ／	こきゅう			
4 ／	ビート板キック			
5 ／	ばた足泳ぎ			

[3年生]

時 月日	学習したこと	◎ 楽しく	○ 安全に	△ できた
6 /	面かぶりクロール			
7 /	かえる足泳ぎ			
8 /	めあて			
9 /	めあて			
10 /	めあて			

《学習の感想》

学習カードの記入の仕方

浮く・泳ぐ運動学習カード

時 月日	学習したこと	◎ 楽しく	○ 安全に	△ できた
1 ／	大の字うき　○○さんが上手だった。 **ふしうき ⇒ 立ち方** 　頭を上げ、体をそったら体がしずんだ。 　かたのあたりを丸くしたらういた。	◎	◎	◎
2 ／	ラッコうき　足がフワッとした。 **けのび** 　耳をはさんで、両手をまっすぐのばしたら、 　よく進んだ。	◎	◎	◎
3 ／				
8 ／	水中ロケット　けるところがむずかしい。 **めあて** 　[ビート板キック]⇒ばた足で足首をのばす。 　　　　　　まっすぐにのばそうとすると力がはいりすぎる。	◎	◎	○
9 ／	水中ロケット　スーとすすんだ。 **めあて** 　[ばた足泳ぎ]⇒ばた足でももから動かす。 　　　　　ももから動かし、足で水をけることができた。	◎	◎	◎

《学習の感想》

　　水の中で息をはくようになって、むだな力がぬけたからか、
　　よく進むばた足ができるようになった。息つぎして長く泳げるようにしたい。

[3年生]

🎯 学習カードの記入の仕方

学習カードを書くことで、学習の前に自分のめあてをはっきりさせ、また、学習の後にふり返りをすることで、自分のできることがわかり、次のめあてを立てる参考になります。

今年のもくひょう

今できることをもとに、できるだけくわしく書きましょう。
検定級などを参考にしましょう。
- ・できるようになること … 面かぶりクロール
- ・きょり …………………… 15m

学習したこと

めあてを決め、わかったことや、できるようになったことなどを書きましょう。
- ・絵に印などをつけて書く
- ・感想…がんばったこと、アドバイス

ふり返り

自己評価をしましょう。

◎（よくできた）　　○（できた）　　△（もう少し）

- ・楽しく ……… 思いきり体を動かしたか。友だちとなかよく活動できたか
- ・安全に ……… プールのきまりを守って活動したか
- ・できた ……… めあてができるようになったか

学習がおわって

- ・活動したことで楽しかったこと
- ・自分ががんばったこと
- ・友だちと学び合う中で印象に残っていること

などを書きましょう。

学習カード

浮く・泳ぐ運動学習カード

4年　組　番　名前		
今年の目標	〈泳ぎ〉	
	〈学び方〉	

時 月日	学習したこと	◎ なかよく	○ できた	△ わかった
1　／	よく進むけのび			
2　／	ばた足泳ぎ			
3　／	かえる足			
4　／	面かぶりクロール			
5　／	平泳ぎのリズム			

[4年生]

時 月日	学習したこと	◎ なかよく	○ できた	△ わかった
6 ／	クロール（10mで1～2回呼吸できたか）			
7 ／	平泳ぎ（10mで1～2回呼吸できたか）			
8 ／	めあて			
9 ／	めあて			
10 ／	めあて			

《学習の感想》

学習カードの記入の仕方

浮く・泳ぐ運動学習カード

時 月日	学習したこと	◎ なかよく	○ できた	△ わかった
5 ／	**平泳ぎのリズム** 「スー、パッ、ポン、スー」 をくり返し言いながらタイミングをとった。○○さんがとても よく進んでいたので、わたしもまねしたい。	◎	○	◎
6 ／	**クロール** 両手を前で合わせることを心がけてやってみた。 「1、2、パッ、4」のリズムになれてきた。	◎	◎	◎
8 ／	**めあて** ⇒平泳ぎのリズムになれる。 ○○さんに横で声をかけてもらいながらやってみたら、 スーでよく進むようになった。	◎	◎	◎
9 ／	**めあて** ⇒平泳ぎの足をあおらない。 ときどき右足があおり足になってしまっていたが、 右足をかかとでけるようにしたら直ってきた。	◎	◎	◎

《学習の感想》

クロール、平泳ぎともリズムを意識しながら泳いだら、うまく泳げるようになってきた。

[4年生]

🎯 学習カードの記入の仕方

学習の前に自分のめあてをはっきりさせましょう。
また、学習の後にふり返りをすることで、自分のできることがわかり、次のめあてを立てる参考になります。

今年のもくひょう

今できるようになることをもとに、できるだけくわしく書きましょう。
検定級などを参考にしましょう。
- できるようになること … 面かぶりクロール
- きょり …………………… 15m

学習したこと

めあてを決め、わかったことや、できるようになったことなどを書きましょう。
- 絵に印などをつけて書く
- 感想…がんばったこと、アドバイス

ふり返り

自己評価をしましょう。

◎ (よくできた)　　○ (できた)　　△ (もう少し)

- なかよく …… 思いきり体を動かしたか。友だちとなかよく活動できたか
- できた ……… めあてについてできるようになったか
- わかった …… 泳ぎのポイント、動き方のコツがわかったか

学習がおわって

- 活動したことで楽しかったこと
- 自分ががんばったこと
- 友だちと学び合う中で印象に残っていること

などを書きましょう。

教師用指導資料①

補助具（ビート板）の使い方

ビート板の使い方

手のひらを下に向けまっすぐ伸ばし、ひじあたりまでのせると安定する。

＊前、横をもつ方法もあるが、以下のようにならないように気をつける。また、ビート板にはいくつかの大きさや材質のものがあるので、選んで使いたい。

《悪い例》

ビート板が立っている

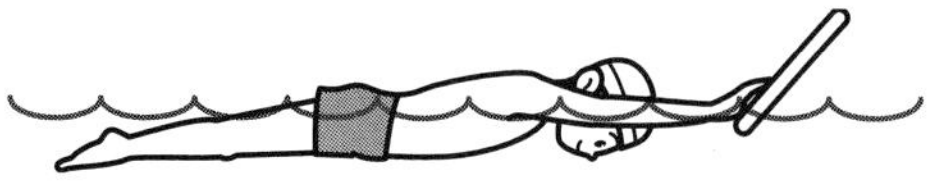

力が入りすぎている

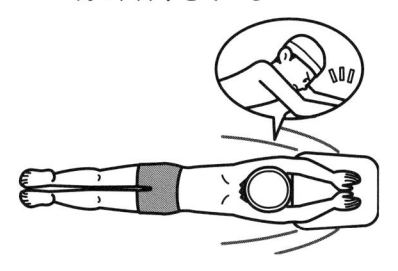

使用例

◉ばた足泳ぎ

水へ顔を浸ける

水へ顔を浸けない

◉背浮き

ビート板をもつ場所に気をつける

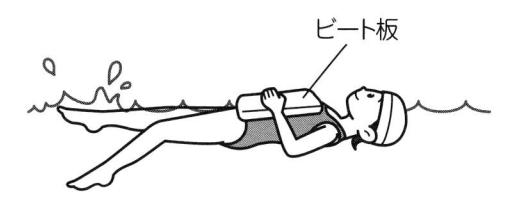

ビート板

◉かえる足泳ぎ

中学年における浮く・泳ぐ運動の指導の展開例 III

[3年生・4年生]

活用例

● リレー（ゲーム）のバトンとして

● 水の中で浮きを味わう用具として
ビート板

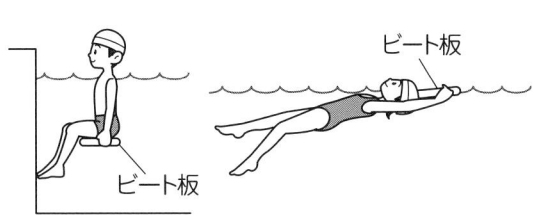

● クロールの手（ストローク）の練習
足にはさんで　　　　　　手をのせて

● 水にすべりこむ感じをつかむ

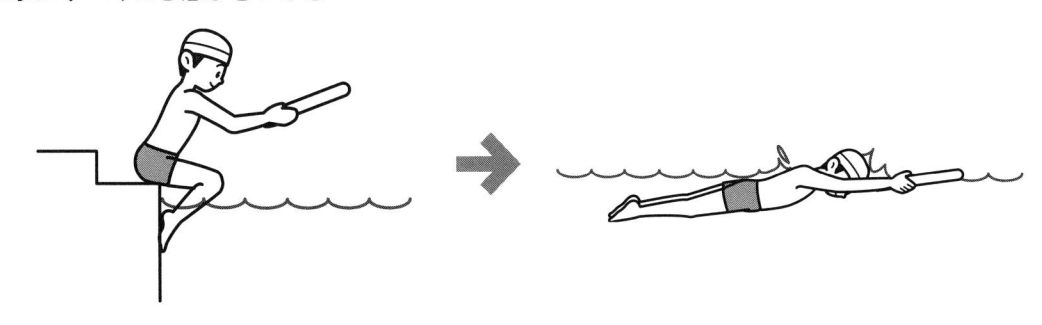

● その他の補助具
  ・ヘルパー…腰のあたりがどうしてもしずみがちな子どもに活用
  ・竹ざお、スチロール素材のバー等
  ・ペットボトル

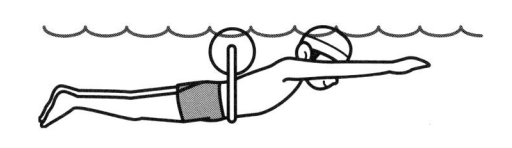

教師用指導資料②

伏し浮き・立ち上がり

伏し浮き

両手先から両足先まで体をまっすぐに伸ばし、下向きに浮く。必要以上に力を入れない。

＊体をリラックスさせストリームラインをつくる。

姿勢

●浮くためには…

- ◎リラックス ×緊張 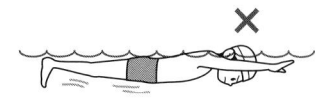
- ◎肩を丸めるくらい ×反る 
- ◎あごを引いて ×頭が立つ

●合わせていろいろな浮き方（くらげ浮き、だるま浮き、背浮き等）の水中姿勢をとらせる

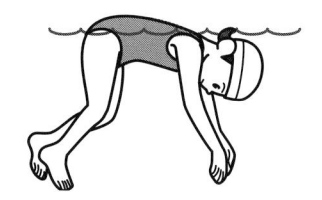

立ち上がり

●伸ばした両手を後方にかく

同時に両足の膝を胸に引きつける。頭を起こしたときに、足を静かに伸ばして立つ。

中学年における浮く・泳ぐ運動の指導の展開例 III

[3年生・4年生]

背浮きからの立ち上がり

●両手で後方から前方に水をかく

両足の膝を胸に引きつける。頭を起こしたときに、足を静かに伸ばして立つ。

伏し浮きまでに身に付けておくこと

●呼吸動作に慣れる
  [ボビング]

＊「ブクブク　パッ」を意識して呼吸させる。

●つかまっての伏し浮き
  [プールの壁や友達の補助]

＊はじめは壁につかまることで安心して活動できる。

伏し浮きの後に取り組むこと

●けのび

＊はじめは壁に向かうことで安心して活動できる。徐々に距離を伸ばしたり、壁から離れたりするとよい。

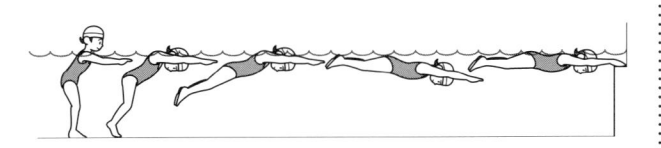

●けのび（ばた足泳ぎ）での呼吸動作

顔を水に浸けているときに少しずつ息を出し、顔を上げたときに残りの息を出す。

103

教師用指導資料③

リズム水泳　宙船(そらふね)　歌：TOKIO　作詞・作曲：中島みゆき

	歌詞	具体的な動き		
前奏	(はじめの隊形) ABABAB	(はじめの隊形)　全体をA・Bグループに分け、グループごとに前向きで並ぶ。		
		Aの動き	Bの動き	
1番	その船を漕いで ゆけ　(8)	水しぶきを上げる ↓ 待つ	待つ ↓ 水しぶきを上げる	①
	おまえの手で 漕いでゆけ　(8)			
	おまえが消えて 喜ぶ者に　(8)	水しぶきを上げる ↓ 待つ	待つ ↓ 水しぶきを上げる	①
	おまえのオールを まかせるな　(8)			
間奏	(8×4)	右に4歩ケンケン歩き → しずんで → ジャンプ『ヤー!』		②
	その船は今どこに	肩まで水に入り、 手のひらで水をかく ↓ その場で 右方向に一回転	その場で 右方向に一回転 ↓ 肩まで水に入り、 手のひらで水をかく	③
	ふらふらと 浮かんでいるのか			
	その船は今どこで	肩まで水に入り、 手のひらで水をかく ↓ その場で 左方向に一回転	その場で 左方向に一回転 ↓ 肩まで水に入り、 手のひらで水をかく	③
	ボロボロで 進んでいるのか			

中学年における浮く・泳ぐ運動の指導の展開例 Ⅲ

[3年生・4年生]

	流されまいと逆らいながら 船は挑み船は傷み (8×4)	水の中にもぐる ↓ ジャンプして立つ 『ヤー!』	ジャンプして立つ 『ヤー!』 ↓ 水の中にもぐる	④
	すべての水夫が恐れをなして逃げ去っても (18)	伏し浮き		⑤
	その船を漕いでゆけ～ (64)			①②
2番	その船は自らを宙船と～ (82)			③④⑤
	その船を漕いでゆけ～ (32)			①
間奏	【隊形移動】	円になる		
	何の試験の時間なんだ 何を裁く秤なんだ (38)	上で手をたたく ↓ 水面をたたく	水面をたたく ↓ 上で手をたたく	⑥
	その船を漕いでゆけ～ (32)			①
	その船を漕いでゆけ おまえの手で漕いでゆけ～ (8×4)	前に進む 『ヤー!』 ↓ 後ろに下がる 『ヤー!』 ↓ 前に進む 『ヤー!』	そのまま 『ヤー!』 ↓ 前に進む 『ヤー!』 ↓ 後ろに下がる 『ヤー!』	⑦
後奏	【二重円の隊形で内側を向く】 (32)	右方向に軽く両足ジャンプで進む	左方向に軽く両足ジャンプで進む	⑧

105

教師用指導資料④

初歩のクロール

初歩のクロールとは、競泳選手が泳ぐような力強く効率的な泳ぎ（例えば、手のかきの場合、ひじを曲げたS字プル等）を身に付けるのではなく、けのび姿勢を基本として、浮くこと・呼吸することの2点を重視した泳ぎ方のこととする。
指導する際、リラックスした泳ぎのリズムに着目し、「1、2、パッ、4」と子どもがイメージしやすい言葉かけができるようにする。

1. 手のかき

腕をまっすぐ伸ばし、手のひらでお腹の下の水をかく。遠くの水をつかむように手を前に伸ばす。

（頭を水の中に入れよう）
（親指がももにつくまでかこう）

2. 手を前でそろえる

両手が前でそろってからもう一方の手をかき始める。

（うでを大きく回そう）
（ん〜）
（息をしっかり吐こう）

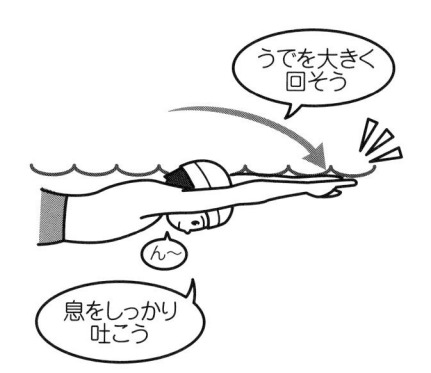

3. パッ（呼吸）

顔は上を見るくらいでもよい。呼吸しているときも、ばた足の動きを続ける。片方の腕が前に残っている形で顔を上げる。

（後ろを見てごらん）
（前のうでに耳をつけて）
（顔が前に上がっているよ）

4. 手をそろえる

両手が前でそろってからもう一方の手をかき始める。

（手を前でそろえよう）

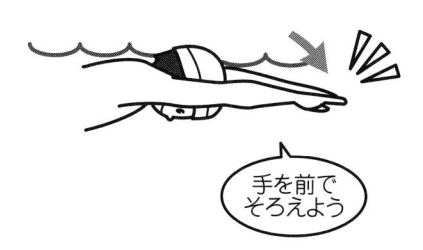

III 中学年における浮く・泳ぐ運動の指導の展開例

[3年生・4年生]

🎯 初歩のクロールに向けて

●リラックスしたけのび
リラックスしたけのびで手を前に合わせた形が基本となり、（両手を前でそろえる）キャッチアップクロールにつながる。

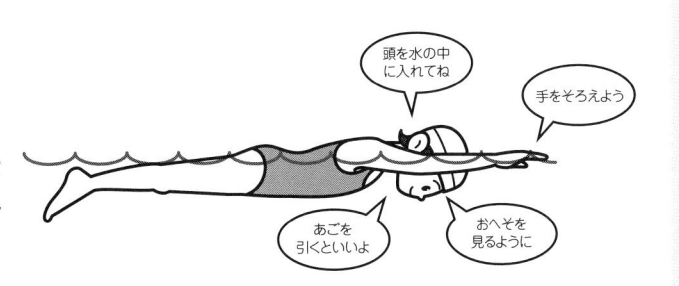

- 頭を水の中に入れてね
- 手をそろえよう
- あごを引くといいよ
- おへそを見るように

●呼吸をしながらのばた足泳ぎで10～15m
呼吸のとき「息を吐く動作」が確実に行えないと、クロールで25mを泳ぎきることは難しい。

- 足首やひざを伸ばし、けのびの姿勢で行う。
- 親ゆびがさわるようにうとう
- 呼吸した後、けのびの姿勢に戻ると浮いてくる。
- 腰かけキック
- 壁キック

●面かぶりクロールで10～15m
手をかいてもばた足が止まらずに続けられると、呼吸をしながらのクロールにつながる。

1 腕を大きくゆっくり回し、水をかこう。

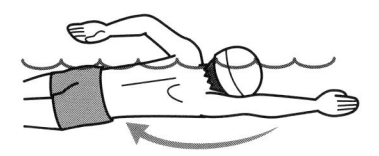

2 手を前でそろえよう。

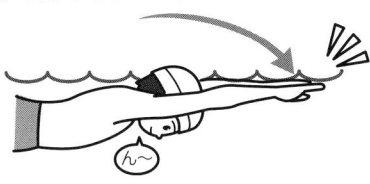

ん～

●プールサイドや水の中で歩きながら

グィーン　グィーン

●ビート板クロール

1, 2,…

●呼吸法の練習
・片手だけビート板につかまっての練習
・ペアでの練習

教師用指導資料⑤

初歩の平泳ぎ

初歩の平泳ぎとは、競泳選手が泳ぐような力強く効率的な泳ぎ（例えば、かえる足の場合、膝を中心とした蹴りはさみ等）を身に付けるのではなく、けのび姿勢を基本として、浮くこと・呼吸することの2点を重視した泳ぎ方とする。
指導する際、リラックスした泳ぎのリズムに着目し、「スー、パッ、ポン、スー」と子どもがイメージしやすいリズムの言葉かけができるようにする。

1. スー（けのび）

（けのびのしせい／ん～／息を吐く）

◎頭を水の中に入れる。

◎スーと伸びを長くとる。

2. パッ（呼吸、足の引きつけ）

（体がういてきたらパッと手をかこう／こきゅうしながらひざを曲げよう）

◎かかとをおしりに引きつける。

◎膝を引きすぎないようにする。

◎顔を上げたとき残りの息をしっかり吐く。

◎手のひらで水をおさえるようにして顔を上げる。

◎手のひらを横に広げてかかない。

3. ポン（足の蹴り）

（すぐに頭を入れて）

◎足のうら（かかと）で水を蹴る。

◎膝が開きすぎないようにする。

◎あおり足（足の甲で水を蹴る）にならないようにする。

4. スー（けのび）

（あごを引いて下を見よう）

◎蹴った後、足と足をつける。

◎ポンの後、体が浮いてくるまでスーをとる。

中学年における浮く・泳ぐ運動の指導の展開例 III

[3年生・4年生]

🎯 初歩の平泳ぎに向けて

●呼吸をしながらのばた足泳ぎ
- 呼吸しようと上体を上げるときに、手で水をおさえる感覚、また、体を戻したときにリラックスしたけのび姿勢で浮いてくる感覚を体験しておく。
- 上体を上げ呼吸したときに、確実に「息を吐くこと」ができないと、体のリラックスが保てない。

けのびの姿勢

リズムよくばた足をする。 　　　手のひらで水をしっかりおさえる。 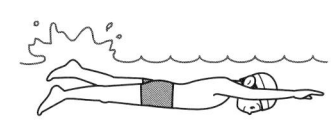　　　いったん体がしずむが、浮いてくる。

●かえる足泳ぎ
- かえる足の動作　①あおり足、②膝を引きすぎる、③膝が開きすぎる等を修正しながら、繰り返し練習させる。

ゆっくり足を引いて力強く蹴る。 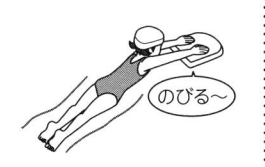　　　蹴った後、足を合わせ、伸びて進む。

●壁もちかえる足　顔を上げて（1、2のリズム）

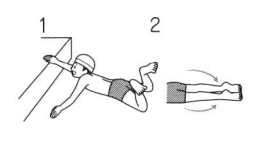

●ビート板かえる足　顔を上げて（1、2のリズム）

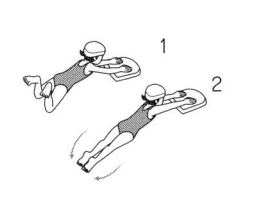

●よく進むけのび
- 水中ロケットで、足をおりたたみ壁を蹴った後、体がまっすぐになり進む感じを身に付けさせる。

腕は耳のうしろに。 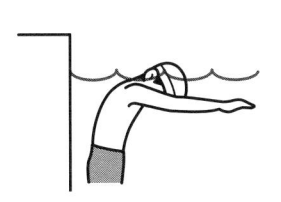　　　息を吸って。 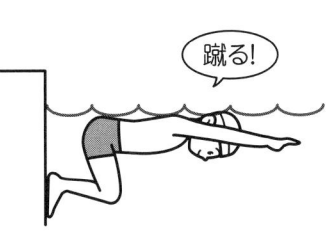　　　もぐってから…　蹴る!

教師用指導資料⑥

水泳を楽しむバリエーション①
水慣れ・感覚づくりの運動とゲームの例

🎯 〜浮き

◉いろいろな浮き方
・大の字浮き、クラゲ浮き、ラッコ浮き、だるま浮き、ウルトラマン浮き等いろいろな姿勢での浮き方を体験する。

❗ 指導のポイント
・初歩の段階ではビート板を使ったり、友達同士で補助をしてもよい。
・色々な浮き方を組み合わせて、変身浮きをしてもよい。
　　［例］　（だるま浮き→大の字浮き）
　　　　　（大の字浮き→ラッコ浮き）
　　　　　（クラゲ浮き→ウルトラマン浮き）
・浮くことだけではなく、手を使って方向を変えることを同時に体験させることが大切である（立ち方）。
・また、力をぬくことの気持ちよさを味わわせることも重要である（リラクゼーション）。

> いろいろな姿勢での浮きを十分に経験させ、顔や頭を水に浸ければ浮くことを体得する。

中学年における浮く・泳ぐ運動の指導の展開例 III

[3年生・4年生]

応用編

●伏し浮きタクシー（手を引いてタクシー・足を押してタクシー）

「力をぬいて」 「せえの」

⚠ **指導のポイント**
- 手を引いたり、足を押したりすることによって推進力がつき、けのびの動きや姿勢の感覚を体感できる。
- この動きに慣れてきたら（力がぬけている状態）、1人で壁までけのびを挑戦させる。

●壁までけのび

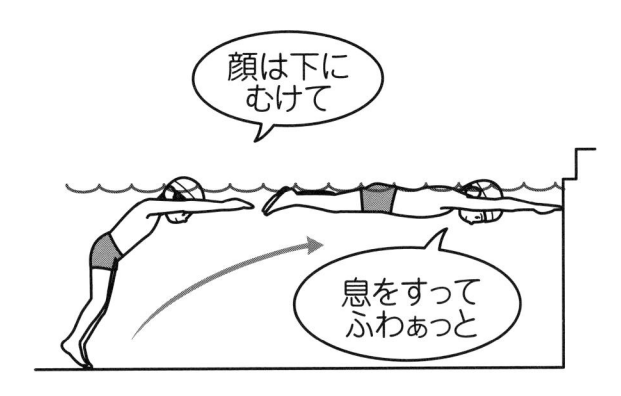

「顔は下にむけて」 「息をすってふわぁっと」

⚠ **指導のポイント**
- プールサイドに向かってけのびをする。
- プールサイドからの距離を徐々に伸ばしていく（ゲーム化）。

教師用指導資料⑦

水泳を楽しむバリエーション②
水慣れ・感覚づくりの運動とゲームの例

🎯 けのび

◉水中ロケット（けのび）

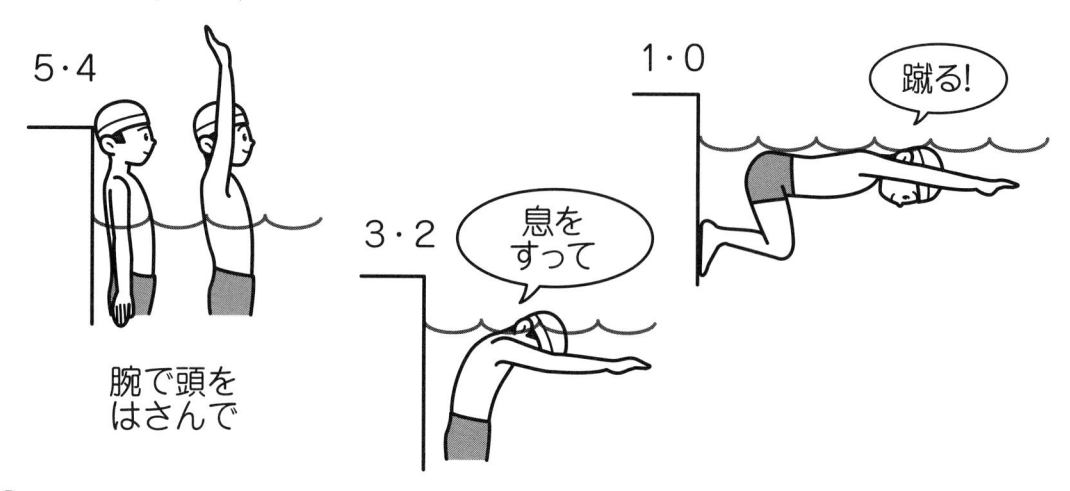

5・4 腕で頭をはさんで
3・2 息をすって
1・0 蹴る！

! 指導のポイント
- 壁を蹴って、けのびでどこまで進めたかを競う。進まなくなったところで立つ。
- 回数を決めて、その回数で進めた距離を競ってもよい。
- プールの横を何回で行けたか等、回数の少なさで競うこともできる。
- 輪を使ってゴルフコースを設定することもできる。

応用編

◉けのびで鬼ごっこ（個人戦）

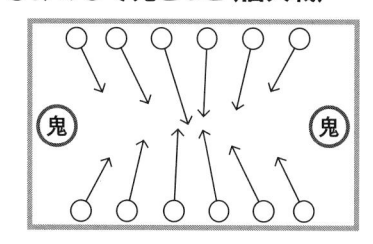

! 指導のポイント
- はじめに鬼を2人決め、プールサイドで待つ。鬼ではない人は1回けのびをする。
- 次に鬼だけ1回けのびをして捕まえる。捕まえられた人はプールから上がる（または、鬼になって捕まえるルールも考えられる）。
- 1回ずつの区切りがハッキリするような合図を工夫する。

◉けのびで鬼ごっこ（団体戦）

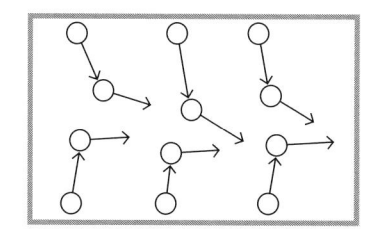

! 指導のポイント
- 3人対3人でけのび鬼ごっこをする。それぞれのチームが交互にけのびをして、けのび鬼ごっこをする。捕まえられた人はプールサイドに戻る。みんなが捕まってしまったら交代する。
- 1回ずつの区切りがハッキリするような合図を工夫する。

中学年における浮く・泳ぐ運動の指導の展開例 III

[3年生・4年生]

🎯 ばた足

●ばた足ドンじゃんけんポン

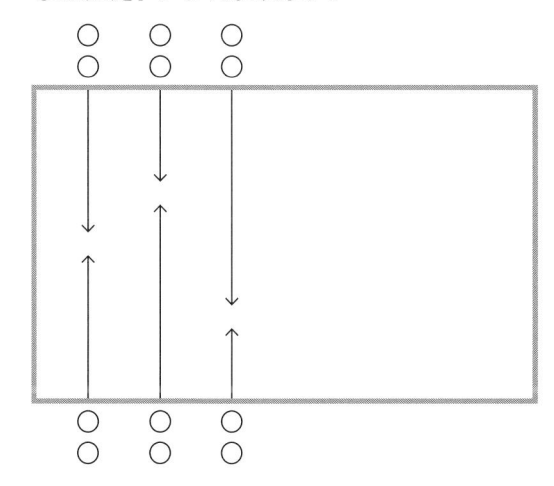

> **! 指導のポイント**
> ・プールの横方向で2チーム対抗で行う。反対側の相手の陣地に向けてビート板ばた足で泳いでいき、相手と出会ったらじゃんけんをする。勝ったら進み、負けたら次の人がスタートする。勝ち進み、相手の陣地まで着いたチームが勝ち。

> **じゃんけんにより偶然性が生まれ、個人差を吸収できる。**

●王様じゃんけん

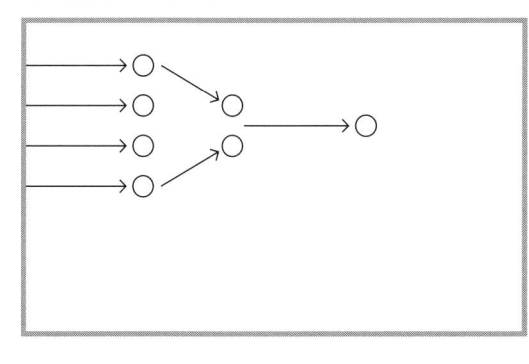

> **! 指導のポイント**
> ・水中に複数の「じゃんけんマン」が立つ。「じゃんけんマン」のところまでばた足で泳いでいき、じゃんけんをして勝ったら先に進める。負けたらスタートに戻る。最後の王様に勝ったら1ポイント。決まった時間にポイントの多かったチームが勝ち。

> **プールサイドを走って戻らないように注意する。**

●ばた足でリレー

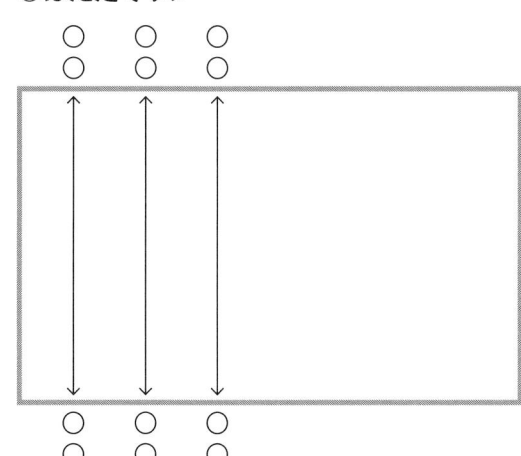

> **! 指導のポイント**
> ・プールの横方向を使い、子どもたちが両側に並んで1人ずつビート板をバトンにして、ばた足競争をする。

> **足首や膝を伸ばすように言葉かけをし、効率的な足の動きを意識させるようにする。**

教師用指導資料⑧

水泳を楽しむバリエーション③
水慣れ・感覚づくりの運動とゲームの例

かえる足

●かえる足ずもう

! 指導のポイント

- 2ℓのペットボトルを4本つなげたものを浮きにして、両側からかえる足で押し合う。一定時間でたくさん押せた方が勝ち。
- 数を増やして、複数の人数で競うこともできる。

「ペットボトル」を使って工夫したゲーム

> 力強く効率的な足の動きを意識させ、身に付けさせるようにする。

●かえる足ドンじゃんけんポン

! 指導のポイント

- プールの横方向で2チーム対抗で行う。
- 反対側の相手の陣地に向けてビート板かえる足で泳いでいき、相手と出会ったらじゃんけんをする。勝ったら進み、負けたら次の人がスタートする。勝ち進み、相手の陣地までたどり着いたチームが勝ち。

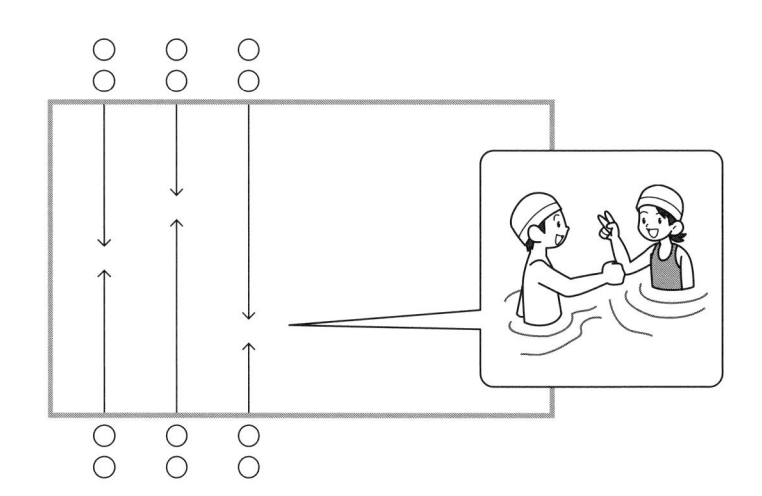

> じゃんけんにより偶然性が生まれ、個人差を吸収できる。

114

中学年における浮く・泳ぐ運動の指導の展開例 III

[3年生・4年生]

● かえる足ビーチフラッグス

「ペットボトル」を使って工夫したゲーム

指導のポイント
・5〜10m離れたところでペットボトルをもった人が立ち、反対側から2名がスタートして、かえる足でペットボトルを取り合う。先に着いてペットボトルを取った人が勝ち。
・人数を増やして行うこともできる。

泳力に差がある場合、スタート位置を変えたりするなど、ルールを工夫することができる。

競争にこだわりすぎて、フォームが雑にならないように言葉かけをする。

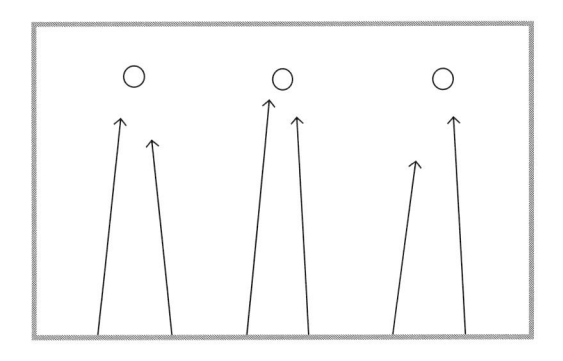

教師用指導資料⑨

補 中学年の学び合いについて

❗ 指導のポイント

①ペア・グループでの活動を十分経験してきているかが学習の進め方に大きく関係する。ペア・グループで、一緒に活動し、励まし合う、見合う、教え合うことを積み重ね、学習方法を学ばせていきたい。

②ゲームを繰り返し行い、技能を習熟することもできるが、4年生くらいになると、泳ぎの技能に興味をもちだし、一つ一つの内容を一通り学習したい。つまり、知識面でも学習することで技能の向上を図ることが必要となってくる。

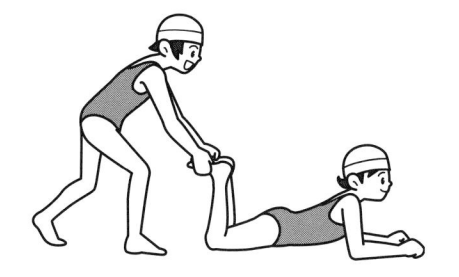

③共通課題を学習することで、技能を学ぶことだけでなく、学び方を学ぶことにもなる。共通課題の例として「よく進むばた足」「クロールのリズム」「平泳ぎのリズム」などが挙げられる。
共通課題を学んだことをもとに、自分のめあてをもつことに役立てる。

- ●目標：平泳ぎが泳げるようになりたい
- ●めあて：わたしは、かえる足はできるから、平泳ぎのリズムを練習する

[3年生・4年生]

中学年における浮く・泳ぐ運動の指導の展開例 Ⅲ

④全員で一斉に確認することももちろん大切だが、2人組等で学び合い、補助し合いながら、発達段階に応じて技能を習得していく。

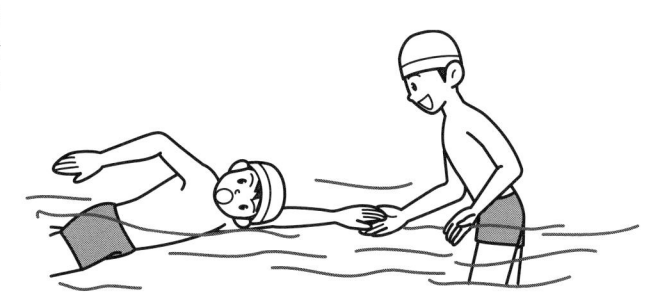

🎯 学び合いの例

A:「めあては、手のかきを最後まで『グイ』とかくです」

Aがやってみる。

A:「どうだった？」
B:「手を途中までしかかいていない」
　「手を腰のところまでかこう」

また、アドバイスだけでなく、「手のかき数」「時間」を数える。

🎯 安全を確かめ合う

①顔、くちびるの色などを互いに見合う。
②調子が悪いときは教師に知らせる。

＊見学者は、学び合いのアドバイスや励ましを行う。活動できない分、友達の動きを見て学ぶことができる。

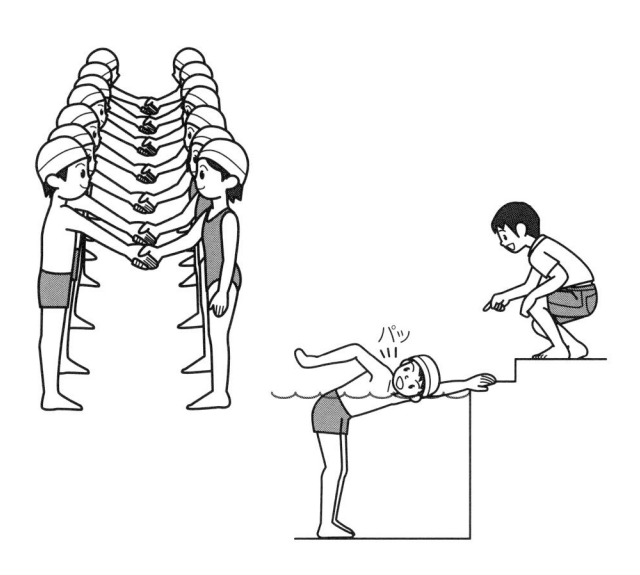

Ⅳ

高学年における
水泳指導の展開例

[5年生・6年生]

5年生における水泳の授業の進め方〈単元計画〉

学習のねらい
- 自分の能力に適した課題をもち、クロールと平泳ぎで、25m程度泳げる。
- 自分の能力に適した練習の場を選び、教師の示した課題について、ペアで見合いながら課題を解決する。

時	1	2	3	4	5
段階	みんなで一緒のめあてで				

0分

1. 準備運動

5分

2. 水慣れ・感覚づくりの運動

! 「リズム水泳」…音楽に合わせて、浮く・泳ぐ感覚を楽しむ。（P.162参照）

3. 今、もっている力で、グループで楽しむ

! 「けのびやばた足・かえる足の競争、ゲーム」…4人グループで、ゲームを選択し、進め方を工夫して楽しむ。

20分

4. もう少しでできそうな泳ぎ方に挑戦する

! 「ポイント学習」…泳ぎのポイントや、自分の課題を知る。

●初歩の泳ぎ［動き方の例］
1. 初歩のクロール（P.106・107参照）
2. 初歩の平泳ぎ（P.108・109参照）

これから泳法を身に付ける子どもには、初歩の泳ぎの動作を、言葉かけとともに示す。

1・2時 クロール		3・4時 平泳ぎ		5時
・ばた足 ・面かぶり	・クロールの呼吸	・かえる足 ・リズム	・手のかき ・呼吸	・伸びのある泳ぎ

35分

4. 確かめ

! 「25m泳」…ペアの1人が泳ぎ、もう1人はプールサイドを歩きながら、手のかき数を数えたり、めあてのできばえを見たりして、学習の成果を確かめる。

40分

5. 振り返り・整理運動

! 泳ぎのポイントを言葉で押さえておく。

45分

高学年における水泳指導の展開例 Ⅳ

[5年生]

⚠ 授業づくりのポイント
- ●「ポイント学習」では、泳ぎのポイントや自分の課題をつかむことを大切にしましょう。
- ●「コース別学習」では、毎時間、自分の課題に適したコースを選びます。その日のコースの中で2人組(ペア)をつくり、互いの泳ぎを見合う活動を行いましょう。

6	7	8	9	10
一人一人のめあてで					

⚠ 「リズム水泳」…グループで、動きを工夫して楽しむ。

⚠ 「スイム駅伝」…4人グループで、プールの横方向を片道ずつ(10m)引き継いで泳ぐ。5分間で泳げた距離を数え、毎時間記録を伸ばしていく。(P.150参照)

⚠ 「コース別学習」…毎時間、自分の課題に適したコースを3つの中から選ぶ。グループの中で2人組(ペア)をつくり、教師の提示した課題について、互いの泳ぎを見合いながら練習する。

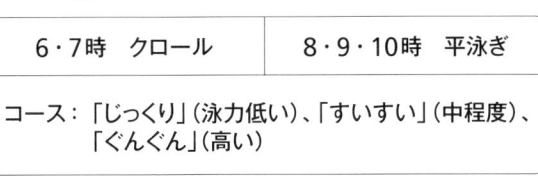

6・7時　クロール	8・9・10時　平泳ぎ
コース:「じっくり」(泳力低い)、「すいすい」(中程度)、「ぐんぐん」(高い)	

●場の使い方[動き方の例]

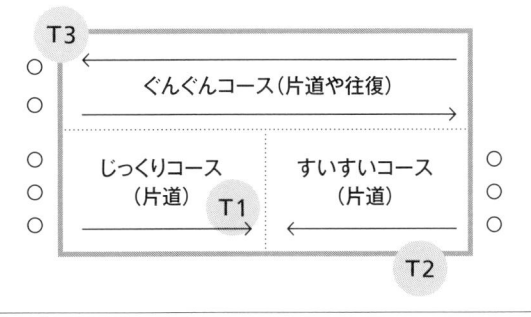

- ぐんぐんコース(片道や往復)
- じっくりコース(片道)
- すいすいコース(片道)

⚠ 「25m泳」…ペアが交代で25mずつ泳ぎ、互いの泳ぎを見て、学習の成果を確かめる。

⚠ 今日の学習を振り返り、カードに記入する(教室)。

45分の展開例①

🎯 本時のねらい（1～2／10時）

- 腕を大きく回し、手を前でそろえながらかき、足首や膝が曲がらないようにキックするクロールができる。
- 水泳のきまりや心得を守り、友達と協力して安全に学習をすることができる。

形態	時間	子どもの活動
全体	5分	◎整列・挨拶・今日の学習の流れを知る ◎準備運動・腰洗い・シャワー
一斉	5分	**1. 水慣れ・感覚づくり** ●リズム水泳（P.162参照） ・音楽に合わせて、浮く・泳ぐ感覚を楽しむ。
グループ	10分	**2. 今、もっている力で、グループで楽しむ** ●ドンじゃんけんぽん、けのびやばた足競争、ゲーム ・けのび競争 ・かえる足ずもう ・ビーチフラッグス ・ドンじゃんけんポン （どん！じゃんけんポン！）
ペア	15分	**3. もう少しでできそうな泳ぎ方に挑戦する** ●ポイント学習 ①けのびの確認　②ばた足泳ぎ　③面かぶりクロール ・陸上で、水中で歩きながら ・ビート板クロール けのびは頭をしっかり入水してから壁を蹴る。　ビート板を引いてもらって。
ペア	5分	**4. 今日の学習の成果を確かめる** ●25m泳 ・ペアの1人が泳ぎ、もう1人はプールサイドの横を歩きながらできばえを確認する。
一斉	5分	◎今日の学習を振り返る ◎次の時間の予告、整理運動、挨拶、洗眼、シャワー

高学年における水泳指導の展開例 Ⅳ

[5年生]

😊 教師の指示、言葉かけ	❗ 指導のポイント
●**整列・挨拶・今日の流れを知る** 「バディ同士2列で整列します」 「プールサイドは絶対に走りません」 「笛の合図や先生の指示に従います」 「入水中に体調が悪くなったら先生に知らせます」 ●**リズム水泳** 「先生の真似をして、リズムに乗って体をゆっくりと動かすようにします」 「水の中では鼻から息を吐き、息継ぎの時は『パッ』と口から息を吐いて吸います」 ●**けのびやばた足競争、ゲーム** 「2人組で、どちらが遠くまでけのびができるか競争しましょう」 ●**ポイント学習** 《ばた足》 「ビート板を腕を伸ばしてもち、力をぬいてばた足をしてみましょう」 《面かぶりクロール》 「ビート板に両手を伸ばしてのせるようにして、両腕を交互に大きく回すようにしましょう」 ※両腕を腿までかいて、水の外を大きく回してビート板の上にのせる。	●**腰洗い** ・股を閉じないようにし、腰まで10秒浸かる。 ●**シャワー** ・髪の毛やわきの下等、汚れがたまりやすいところを洗う。 帽子は取って頭を洗おう ●**リズム水泳の場** ・プール水底の線の上に立つ。 ●**けのび競争の場** ・グループで集まって行う。

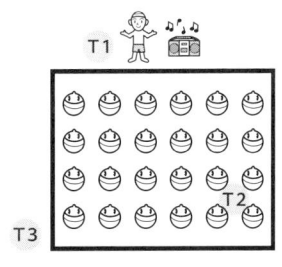

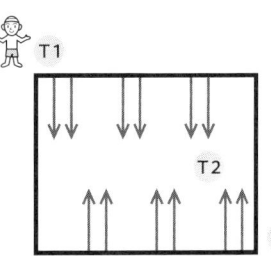

45分の展開例②

🎯 本時のねらい（3～6／10時）
- ビート板をもって、顔を水に入れての「かえる足」ができる。
- 友達と協力し、声をかけ合いながら、楽しく水泳の学習をすることができる。

形態	時間	子どもの活動
全体	5分	◎整列・挨拶・今日の学習の流れを知る ◎準備運動・腰洗い・シャワー
一斉	5分	**1. 水慣れ・感覚づくり** ●リズム水泳（P.162参照） ・音楽に合わせて、浮く・泳ぐ感覚を楽しむ。
グループ	10分	**2. 今、もっている力で、グループで楽しむ** ●けのびやばた足競争、ゲーム ・けのび競争 ・ビーチフラッグス ・ドンじゃんけんポン ・かえる足ずもう 2ℓペットボトルを貼り合わせたものをかえる足で押し合う。
ペア	15分	**3. もう少しでできそうな泳ぎ方に挑戦する** ●ポイント学習 ①かえる足の確認　　　　　②リズムを意識しての平泳ぎ ・陸上で　・顔を上げながら　・ビート板をもって顔を入れ　・けのびの姿勢を ・ビート板をもって　　　　ながら、スー（伸び）、パッ　入れて 　顔を上げながら　　　　　（呼吸）、ポン（キック）
ペア	5分	**4. 今日の学習の成果を確かめる** ●25m泳 ・ペアの1人が泳ぎ、もう1人はプールサイドの横を歩きながらできばえを確認する。
一斉	5分	◎今日の学習を振り返る ◎次の時間の予告、整理運動、挨拶、洗眼、シャワー

高学年における水泳指導の展開例 Ⅳ

[5年生]

😊 教師の指示、言葉かけ	❗ 指導のポイント
●**けのびやばた足競争、ゲーム** 「4人組でビーチフラッグスをします。ビート板ばた足で、どちらが先にペットボトルをつかめるか競争をしましょう」 「1人はスタートの合図、1人はペットボトルをもち、2人で競争します」	●**ビーチフラッグスの場** （T1：スタートの合図／泳ぐ子／ペットボトルをもつ子 T2／T3）
●**かえる足** 「プールサイドでかえる足の確認をして、できるようになったらビート板をもってやってみましょう」 1　キュッ（足首を返す） 2　はさみこむようにして最後は伸ばす 「ビート板を使って腰がしずむようなら、フローターをつけてやってみましょう」	●**かえる足の補助の仕方** 親指で外へ開くように ・土踏まずに親指、甲に残り4本をあてて誘導する。
●**リズムを意識しての平泳ぎ** スー（けのび）　パッ（呼吸）　ポン（足の蹴り）　スー 「できるようになったらビート板をはずしてやってみましょう」	●**呼吸のタイミングをつかませる補助の仕方** スー　パッ ・ビート板の下に手を置いて、タイミングに合わせてビート板を持ち上げる。
●**25m泳** 「友達にどこを見てもらいたいかを伝えてから泳ぐようにしましょう」 ・かえる足ができているか ・腰がしずんでいないか ・蹴った後、けのびの姿勢ができているか	●**25m泳の場** （T1／T2／T3） ・推進力がない子どもには、補助した手を蹴らせてイメージをもたせる。

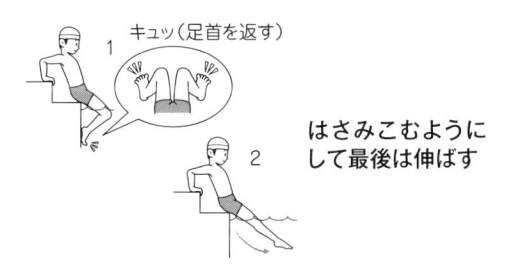

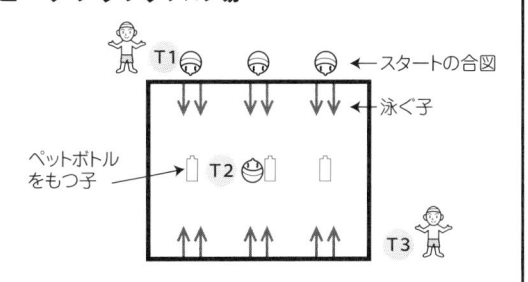

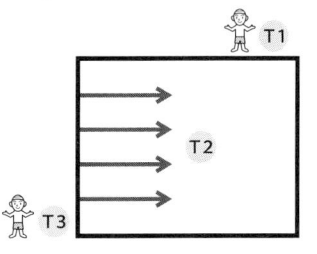

125

45分の展開例③

🎯 本時のねらい（7～8／10時）
- 自分の能力に合わせて、クロールである程度続けて泳ぐことができる。
- 自分の課題に合ったコースを選んで練習に取り組むことができる。

形態	時間	子どもの活動
全体	5分	◎整列・挨拶・今日の学習の流れを知る ◎準備運動・腰洗い・シャワー
一斉	5分	**1. 水慣れ・感覚づくり** ●リズム水泳（P.162参照） ・音楽に合わせて、浮く・泳ぐ感覚を楽しむ。グループで、動きを工夫して楽しむ。
グループ	10分	**2. 今、もっている力で、グループで楽しむ** ●スイム駅伝（P.150参照） ・グループでプールの横方向をリレーのように引き継いで泳ぐ。 ・5分間で全員で泳げた距離を数え、毎時間その合計を伸ばしていく。
ペア	15分	**3. もう少しでできそうな泳ぎ方に挑戦する** ●コース別学習 ①「じっくりコース」 ・ビート板クロール ・面かぶりクロール ・クロールの呼吸 ②「すいすいコース」 ・遠くの水をつかみ、腿までしっかりかく ③「ぐんぐんコース」 ・伸びを意識したグィーン・グィーンクロール（P.153参照） 息を水の中でしっかり吐く 手を大きく前に出して伸びるように 手のかきのイメージ「グィーン」
ペア	5分	**4. 今日の学習の成果を確かめる** ●25m泳 ・ペアの1人が泳ぎ、もう1人はプールサイドの横を歩きながらできばえを確認する。
一斉	5分	◎今日の学習を振り返る ◎次の時間の予告、整理運動、挨拶、洗眼、シャワー

高学年における水泳指導の展開例 Ⅳ

[5年生]

😊 教師の指示、言葉かけ	❗ 指導のポイント
●**スイム駅伝** 「4人1グループでプールの横を交代しながら泳いで、5分間で泳いだ距離を記録していきます」 「グループの目標記録に向かって、毎時間少しでも長く泳げるように、『がんばれ』『いいぞ』といったかけ声のかかるチームをめざしましょう」 ●**コース別学習** ・それぞれのコースで共通の学習課題を提示する。 ・それぞれのコースでペアをつくり、協力して学習する。 ◎「じっくりコース」⇒"ビート板クロールを中心に"「1、2、パッ、4のリズムで泳ぎましょう」 ◎「すいすいコース」⇒"手のひらで水をキャッチすることを中心に"「手のひらで水をキャッチしながら、体の真下を通り、腿に触るまでかきましょう」 ◎「ぐんぐんコース」⇒"グィーン・グィーンクロールを中心に"「腕を前に出して、グィーンを意識して泳ぎましょう」 ・泳ぎ終わったら「どうだった」とペアの相手に聞くようにする。 ●**クロールのリズム** 1.(手をかく)　　2.(手を前でそろえる) パッ。(呼吸)　　4(手を前でそろえる) 「息継ぎをするときには、腿までかいた手を目で追いかけるようにするといいですよ」 「力をぬいて、両手を前にそろえてからかくようにしましょう」	●**スイム駅伝の場** 　1人10mずつ泳ぐ 　↓ 　・自分のできる泳ぎで 　・ビート板を使ってもよい 　次の子が入って待つ ●**コース別学習の場** 　次のような目安で子どもが毎時間選択します。 ◎「じっくりコース」⇒その日に練習する泳法で25mを泳ぐことが課題。 ◎「すいすいコース」⇒その日の泳法で25m泳げる。 ◎「ぐんぐんコース」⇒50m以上泳げる。 ●**教師の振り返り(子どもの見取り)** 《整列時や退水時》 バディがしっかり組めているかを目視する。 《コース別学習時》 自分の課題にそって、進んで練習に取り組んでいるかを観察する。 《25m泳時》 「1・2・パッ・4」のリズムで顔を横に上げて呼吸しているかを観察する。泳力の低い子どもに対しては、ばた足がしっかり蹴れているか、腿まで腕をかいて両手を前で合わせているかを観察する。

45分の展開例 ④

🎯 本時のねらい（9〜10 / 10時）
- 自分の能力に合わせて、平泳ぎである程度続けて泳ぐことができる。
- 泳ぎを見合う観点を知り、友達と助言し合いながら練習に取り組むことができる。

形態	時間	子どもの活動
全体	5分	◎整列・挨拶・今日の学習の流れを知る ◎準備運動・腰洗い・シャワー
一斉	5分	**1. 水慣れ・感覚づくり** ●リズム水泳（P.162参照） ・音楽に合わせて、浮く・泳ぐ感覚を楽しむ。グループで、動きを工夫して楽しむ。
グループ	10分	**2. 今、もっている力で、グループで楽しむ** ●スイム駅伝（P.150参照） ・グループでプールの横方向をリレーのように引き継いで泳ぐ。 ・5分間で全員で泳げた距離を数え、毎時間その合計を伸ばしていく。
ペア	15分	**3. もう少しでできそうな泳ぎ方に挑戦する** ●コース別学習 ①「じっくりコース」 ⇒ ビート板かえる足 ②「すいすいコース」 ⇒ リズムを意識した、「スー、パッ、ポン」平泳ぎ ③「ぐんぐんコース」 ⇒ 伸びを意識した、「スー、パッ、ポン」平泳ぎ ・あごを引いてけのびの姿勢　　　　・息を水の中でしっかり吐く
ペア	5分	**4. 今日の学習の成果を確かめる** ●25m泳 ・ペアの1人が泳ぎ、もう1人はプールサイドの横を歩きながらできばえを確認する。
一斉	5分	◎今日の学習を振り返る ◎次の時間の予告、整理運動、挨拶、洗眼、シャワー

高学年における水泳指導の展開例 Ⅳ

[5年生]

😊 教師の指示、言葉かけ	❗ 指導のポイント
●**コース別学習** ・それぞれのコースでペアと協力して学習する。 ・それぞれのコースで共通の学習課題を提示する。 ◎「じっくりコース」⇒"かえる足を中心に"「足首をしっかり返し、つま先がそろうまで蹴りはさみましょう」 ◎「すいすいコース」⇒"スー、パッ、ポンのリズムを中心に"「手をかき始めると同時に呼吸し、顔を水中に入れながら手を前に伸ばしましょう」 ◎「ぐんぐんコース」⇒"伸びを意識することを中心に"「25mのかき数をなるべく少なくするようにしましょう」 ・泳ぎ終わったらペアの相手に『どうだった？』と聞きましょう。見ていた子は「〇〇のときに〇〇が〇〇だったよ」「かき数は〇回だったよ」と伝えるようにしましょう。 ●**25m泳** 「お互いに見てほしいところを伝え合いましょう」 「めあてを意識してゆっくりと泳ぎ、ペアの友達がかき数やめあての達成を見てあげましょう」 ●**学習の振り返り** 「友達や先生の助言を参考にして、今日の自分の泳ぎを振り返りましょう」 「学習資料をもとに、次回のコースやめあてを立てましょう」 「できるようになったことや、次にやるときの課題を発表しましょう」	●**コース別学習の場** （コース配置図：ぐんぐんコース（片道や往復）、じっくりコース（片道）、すいすいコース（片道）、T1・T2・T3の教師配置） ●**学習の振り返り** ・次時のめあてが子どもたちの能力に合っていなければ、対話を通して再度確認させる。 ●**教師の振り返り（子どもの見取り）** 《コース別学習時》 お互いに見合ったり、補助し合ったりしながら練習に取り組んでいるかを観察する。 《25m泳時》 伸びを長くとって、「スー、パッ、ポン」のリズムで泳げているかを観察する。 《学習の振り返り時》 今日のめあてに対する達成度が確かめられているかを、学習カードから見取る。

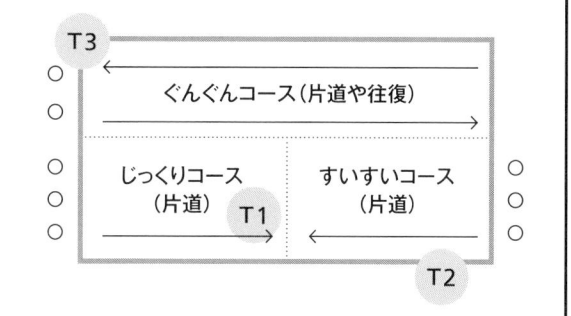

6年生における水泳の授業の進め方〈単元計画〉

学習のねらい
- 自分の能力に適した課題をもち、クロールと平泳ぎの両方で25〜50m程度泳げる。
- 自分の能力に適した課題と練習の場を選ぶ。ペアの友達の泳ぎを見て、気づいたことやアドバイスを伝えたり、補助をしたりするなど、学び合いながら課題を解決する。

時	1	2	3	4
段階	\<みんなで一緒のめあてで\>			

0分

1. 準備運動

2. 水慣れ・感覚づくりの運動

「リズム水泳」…音楽に合わせて、浮く・泳ぐ感覚を楽しむ。（P.162参照）

5分

3. 今、もっている力で、グループで楽しむ

「スイム駅伝」…4人グループで、プールの横方向を、1人1往復ずつ（20m）、リレーのように引き継いで泳ぐ。5分間で泳げた距離を数え、毎時間記録を伸ばしていく。（P.150参照）

20分

4. もう少しでできそうな泳ぎ方に挑戦する

「ポイント学習」…泳ぎのポイントや、ペアでの学び合い練習の仕方を知る。

1・2時 クロール		3・4時 平泳ぎ	
・ばた足	・クロールの呼吸	・かえる足	・手のかき
・面かぶり		・リズム	・呼吸

●伸びのある泳ぎ[動き方の例]
発展的な課題として、力強く、効率のよい手のかき、足の蹴りの動作を示します。

《伸びのあるクロール》

《伸びのある平泳ぎ》

35分

4. 確かめ

「1分間泳」…プールの横方向（10m）を使い、1人が1分間泳ぐ。ペアを2つ合わせた4人グループで、3人の友達がプールサイドから泳ぎを見て、できばえを伝える。（P.136・137参照）

40分

45分

5. 振り返り・整理運動

泳ぎのポイントを言葉で押さえておく。

高学年における水泳指導の展開例 Ⅳ

[6年生]

! 授業づくりのポイント
- 6年生では、単元を通して固定の泳力の異なる2人組(ペア)で学習を行います。
- 単元の前半は、「ポイント学習」で、泳ぎのポイントやペアでの練習の方法を学びます。後半は、「ペア学習」で、自分の課題に適した場を選び、1人が泳ぎ、もう1人がその泳ぎを見てアドバイスをするという方法で練習をします。

5	6	7	8	9	10
一人一人のめあてで					

! 「リズム水泳」…グループで、動きを工夫して楽しむ。

! 1時間ごとに「リズム水泳」と「スイム駅伝」を交互に行ってもよい。

! ●「ペア学習」
① ペア学習の時間を2つに分け、ペアの子どもが交代で練習する。1人が練習するときは、もう1人がプールサイドやプールの中で、ペアの友達に助言をしたり補助をしたりする。
② 子どもに、その日に練習する泳法について、自分の課題を解決するために「ここ(体の部位)をこうする」というめあてをたてさせる。めあてに応じた練習の場を選び、ペアの友達にめあてを伝えて練習する。
※5・6時クロール／7・8時平泳ぎ／9・10時選択

●ペア学習[動き方の例]
子ども自身が毎時間、自分の課題に合わせて、練習する場を選びます。教師は、指導するコースを分担して指導します。

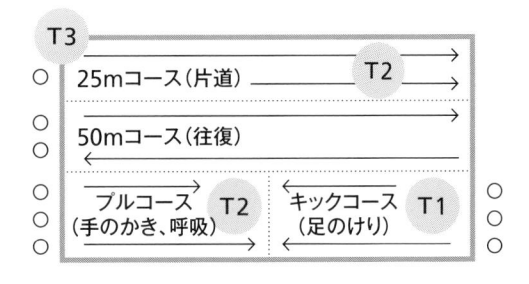

T3
25mコース(片道) → T2
50mコース(往復) →
プルコース(手のかき、呼吸) T2 ← キックコース(足のけり) T1

! 「1分間泳」…プールの横方向(10m)を使い、1人が1分間泳ぐ。ペアを2つ合わせた4人グループで、3人の友達がプールサイドから泳ぎを見て、できばえを伝える。

! 今日の学習を振り返り、カードに記入する(教室)。

45分の展開例①

🎯 本時のねらい（1～2／10時）
- 伸びのあるクロールのポイントをつかみ、泳ぐことができる。
- 自分に合っためあてをもち、友達と協力して取り組むことができる。

形態	時間	子どもの活動
全体	5分	◎整列・挨拶・今日の学習の流れを知る ◎準備運動・腰洗い・シャワー
一斉	5分	**1. 水慣れ・感覚づくり** ●リズム水泳（P.162参照） ・音楽に合わせて、浮く・泳ぐ感覚を楽しむ。
グループ	10分	**2. 今、もっている力で、グループで楽しむ** ●スイム駅伝（P.150参照） ・グループで、プールの横方向（10m）をリレーのように引き継いで泳ぐ。
一斉	15分	**3. もう少しでできそうな泳ぎ方に挑戦する** ●ポイント学習（伸びのあるクロール） ・泳ぎのポイントやペアでの練習方法を学ぶ。 ①「歩きながらグィーン・グィーンクロール」 ②「伸びを意識してグィーン・グィーンクロール」 ③「ストロークの数を数えてグィーン・グィーンクロール」 ※手のひらで水を押す感じを「グィーン」という言葉で表している。
ペア	5分	**4. 今日の学習の成果を確かめる** ●1分間泳（P.136・137参照） ・グループで、プールの横を使い、1人1分ずつ泳ぐ。
一斉	5分	◎今日の学習を振り返る ◎次の時間の予告、整理運動、挨拶、洗眼、シャワー

高学年における水泳指導の展開例 Ⅳ

[6年生]

😊 教師の指示、言葉かけ	❗ 指導のポイント
●整列・挨拶・今日の流れを知る 「時間を無駄にしないように、一生懸命がんばりましょう」 「先生の話をしっかりと聞いて、ルールを守って取り組みましょう」 ●リズム水泳 「先生の動きをよく見て、真似してみよう」 「音楽に合わせて、動きを楽しもう」 「一つ一つの動きを大きく行うのがポイントです。のびのび、おおらかに体を動かしましょう」 ●ポイント学習 「今日は伸びのあるクロールを学習します」 「ペアになり、交代で取り組みます」 「ペアでお互いの泳ぎをよく見合って、先生から出された課題がどうだったかを伝え合います」 「できていることは、ほめてあげましょう」 「もう少しのところは、どこがもう少しなのか、具体的に伝えてあげましょう」 　◎歩きながら 「腕を前に『グイーン』と伸ばそう」 「遠くの水をつかもう」 「太腿に指が当たるくらい、手を最後までしっかりとかいて泳ごう」 　◎ストロークの数を数えて 「25mを何かきで泳げるか、数えてあげよう」	●リズム水泳 ・前半の1〜4時では、「音楽に合わせて、浮く・泳ぐ感覚を楽しむ」ことをねらいとし、後半の5〜10時では、「グループで、動きを工夫して楽しむ」ことをねらいとする。 ボビング　　　　　　　　　　　4人グループで ●教師の振り返り（子どもの見取り） 《リズム水泳時》 ・音楽に合わせて、浮く・泳ぐ感覚の楽しさを味わうことができているかを観察する。 《ポイント学習時》 　伸びのあるクロールができているかを観察する。 　　・「1、2、パッ、4」のリズムで、後ろを見るようにして呼吸をする。 　　・腕を「グィーン」と伸ばして、遠くの水をつかむ。 　ペアの友達と協力しながら、課題に取り組むことができているかを観察する。 ・自分の能力に合わせた場を選び、教師の示した課題について、ペアの友達と見合いながら課題に取り組むことができているかを観察する。

45分の展開例②

🎯 本時のねらい（3～5／10時）
- ●伸びのある平泳ぎのポイントをつかみ、泳ぐことができる。
- ●自己に合っためあてをもち、友達と協力して取り組むことができる。

形態	時間	子どもの活動
全体	5分	◎整列・挨拶・今日の学習の流れを知る ◎準備運動・腰洗い・シャワー
一斉	5分	**1. 水慣れ・感覚づくり** ●リズム水泳（P.162参照） ・音楽に合わせて、浮く・泳ぐ感覚を楽しむ。
グループ	10分	**2. 今、もっている力で、グループで楽しむ** ●スイム駅伝（P.150参照） ・グループで、プールの横方向（10m）をリレーのように引き継いで泳ぐ。
一斉	15分	**3. もう少しでできそうな泳ぎ方に挑戦する** ●ポイント学習（伸びのある平泳ぎ） ・泳ぎのポイントやペアでの練習方法を学ぶ。 ①歩きながらの腕かき ②「スー、パッ、ポン、スー」のコンビネーション スー（けのびの姿勢）　パッ（呼吸）　ポン（足の蹴り）　スー
ペア	5分	**4. 今日の学習の成果を確かめる** ●1分間泳（P.136・137参照） ・グループで、プールの横を使い、1人1分ずつ泳ぐ。
一斉	5分	◎今日の学習を振り返る ◎次の時間の予告、整理運動、挨拶、洗眼、シャワー

高学年における水泳指導の展開例 **Ⅳ**

[6年生]

😊 教師の指示、言葉かけ	❗ 指導のポイント
●スイム駅伝 「4人グループで、プールの横を使って順番に泳ぎます」 「5分間にグループでどれくらい泳げるか、みんなの力を合わせてがんばろう!」 「グループの目標記録を設定しよう。全部で5回やるから、最初の記録を5倍にしてみよう!」 「泳いだ距離を数えながら、友達を応援してあげよう!」 ●ポイント学習 「今日は伸びのある平泳ぎの練習をします」 ◎**歩きながらのスー、パッ、ポン** 「『スー』であごをしっかり引こう」 「『パッ』で手のひらで水を押さえて呼吸をしよう」 「『ポン』で顔を水に浸けよう」 ◎**スー、パッ、ポンのコンビネーション** 「『スー』でしっかりとあごを引いて伸びをとろう」 「『スー』で浮いてくるのを待って立とう」 「『スー』で足を最後まで閉じたままで、伸びよう」 ・けのびの姿勢でしばらくいることを意識させる。 ・はじめは「スー、パッ、ポン」を1回やったら立つ。	●スイム駅伝 ・4人グループで、プールの横方向を1人1往復ずつリレーのように引き継いで泳ぐ。5分間で泳げた距離を数え、毎時間記録を伸ばしていく。 ●ポイント学習 ・次の3つのことを重点的に指導する。 ①クロールと平泳ぎのポイントを、体の各部位の動きで理解すること。 ②泳ぎのポイントを意識して泳ぎ、ペアの友達に見てもらって、自分の課題を知ること。 ③友達の泳ぎを見て、体の各部位の動きについて具体的に伝えられること。 ・各グループごとに教師が1人ずつつき、この3つのポイントを中心に指導していく。

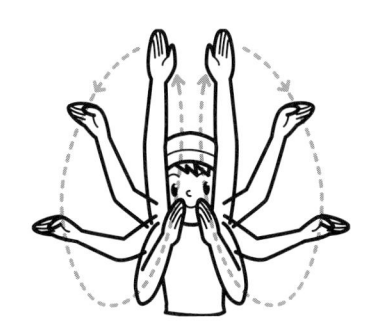

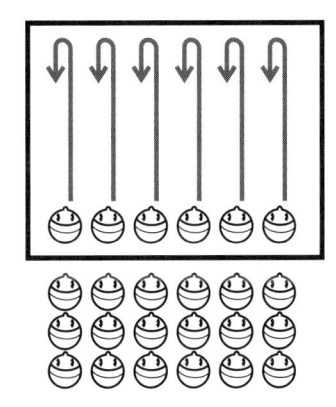

45分の展開例③

本時のねらい（6～7／10時）
- ポイント学習で学んだことを生かし、クロールである程度続けて長く泳ぐことができる。
- 自分に合った課題をもち、友達と協力して練習に取り組むことができる。

形態	時間	子どもの活動
全体	5分	◎整列・挨拶・今日の学習の流れを知る ◎準備運動・腰洗い・シャワー
一斉	5分	**1. 水慣れ・感覚づくり** ●リズム水泳（P.162参照） ・音楽に合わせて、浮く・泳ぐ感覚を楽しむ。グループで、動きを工夫して楽しむ。
グループ	10分	**2. 今、もっている力で、グループで楽しむ** ●スイム駅伝（P.150参照） ・グループで、5分間で泳げた距離の合計を伸ばしていく。
一斉	15分	**3. もう少しでできそうな泳ぎ方に挑戦する** ●ペア学習 ・泳力の異なる2人組で、互いの泳ぎを見合い、助言し合いながら練習する。 ・クロール。 ①泳ぐ前　　②泳いだ後
ペア	5分	**4. 今日の学習の成果を確かめる** ●1分間泳 ・グループで、プールの横を使い、1人1分ずつ泳ぐ。
一斉	5分	◎今日の学習を振り返る ◎次の時間の予告、整理運動、挨拶、洗眼、シャワー

高学年における水泳指導の展開例 Ⅳ

[6年生]

😊 教師の指示、言葉かけ	❗ 指導のポイント
●**ペア学習** 「ペア学習は、2人組で学習を進めます」 「練習場所は、それぞれのめあてに応じた場を選んで行います」 「ペアではお互いのめあてを伝え合い、相手の泳ぎがどうだったか、教えてください」 「1人が練習している時は、もう1人はプールサイドやプールの中で助言をしたり、補助をしたりしましょう」 ◎**技能の高い子「A」と低い子「C」のペアの場合** 「A君は、C君の課題を見つけたら、アドバイスしてあげよう」 「C君は、A君のめあてを見てあげて、どうだったか伝えてあげよう」 ◎**技能が中くらいの子同士のペアの場合** 「互いのめあてを伝え合って、よく見て状態を伝えてあげたり、アドバイスをしてあげたりしよう」 ●**1分間泳** 「4人組で、プールの横を使って、順番に1人1分間ずつ泳ぎます」 「A君が泳いでいる時、B・C・D君は、A君の泳ぎをよく見て、次の3つを伝えてあげよう」 B：1分間で泳げた距離を数えて伝えてあげよう。 C：10mの手のかき数を伝えてあげよう(少ない方がよい)。 D：A君がその時間にめあてにしていた動きができているか、伝えてあげよう。 「同じことをB・C・D君の順で交代で取り組もう」	●**ペア学習について** ・時間を2つに分け、交代で練習をする。1人が練習する時には、もう1人がプールサイドやプールの中で友達の泳ぎを見て助言したり、補助したりする。 ①学習のはじめに、自分のめあてを伝える。 ②見てほしいところを伝える。 ③相手が自分のめあてを分かったかを確認する。 ④泳ぎ終わったら、「どうだった？」と聞く。 ⑤相手のアドバイスが分かったら、もう一度泳ぐ。 ⑥めあてができるようになったら、先生を呼んで見てもらう。 ●**1分間泳** ・4人組で行い、1人が1分間ずつ泳ぐ。1人が泳いでいる時、他の3人は、その子のめあてのできばえを見て、伝えてあげる。 《チェックポイント》 ①1分間で泳げた距離 ②往復20mの手のかき数 ③めあてとした動きのできばえ

45分の展開例④

🎯 本時のねらい（8～10／10時）
- ポイント学習で学んだことを生かし、平泳ぎである程度続けて長く泳ぐことができる。
- 自分に合った課題をもち、友達と協力して練習に取り組むことができる。

形態	時間	子どもの活動
全体	5分	◎整列・挨拶・今日の学習の流れを知る ◎準備運動・腰洗い・シャワー
一斉	5分	**1. 水慣れ・感覚づくり** ●リズム水泳（P.162参照） ・音楽に合わせて、浮く・泳ぐ感覚を楽しむ。
グループ	10分	**2. 今、もっている力で、グループで楽しむ** ●スイム駅伝（P.150参照） ・グループで、5分間で泳げた距離の合計を伸ばしていく。
一斉	15分	**3. もう少しでできそうな泳ぎ方に挑戦する** ●ペア学習（P.147参照） ・泳力の異なる2人組で、互いの泳ぎを見合い、助言し合いながら練習する。 ・平泳ぎ。
ペア	5分	**4. 今日の学習の成果を確かめる** ●1分間泳（P.136・137参照） ・グループで、プールの横を使い、1人1分ずつ泳ぐ。
一斉	5分	◎今日の学習を振り返る ◎次の時間の予告、整理運動、挨拶、洗眼、シャワー

高学年における水泳指導の展開例 Ⅳ

[6年生]

😊 教師の指示、言葉かけ	❗ 指導のポイント
●ペア学習 「今日のペア学習は平泳ぎを学習します」 ◎平泳ぎ 「かえる足、手のかき、呼吸など、ペアの友達のめあてを確認して、そのポイントをしっかり見てあげよう」 ◎伸びのある平泳ぎ ・けのびから「スー、パッ、ポン、スー」を行う。 「『スー』で水の中で『ん～』と少しずつ息を出そう」 「『パッ』で顔を上げて呼吸すると同時に、足を引きつけよう」 「『ポン』で頭を入れながら、足を蹴り出そう」 「『スー』でしっかりと伸びをとりながら、また水の中で『ん～』と息を出そう」 スー（けのび） パッ（呼吸） ポン（足の蹴り） スー（けのび） ●学習の振り返り・次の時間の予告 「今日の自分のめあてはどうだったかな？　友達に教えてもらったことや自分で気づいたポイントなど、カードに書いておきましょう」	●ペア学習のコース 25mコース（片道）→ 50mコース（往復）⇄ プルコース（手のかき、呼吸）／キックコース（足のけり） ●めあての立て方 ①次の時間に自分が練習する泳ぎを確認する。 ②学習資料を見ながら、泳ぎのめあてを決める。 ・キック、手のかき、呼吸等。 ・自分が気をつけたい動きを言葉で書く。 ・「どこ」を「どうする」という形式で書く。 ●教師の振り返り（子どもの見取り） 《ペア学習時》 伸びのある平泳ぎができているかを観察する。 ・「スー」で、あごを引いて伸びをとる。 ・「パッ」で、顔を上げて呼吸すると同時に足を引きつける。 ・「ポン」で、頭を入れながら足を蹴りだす。 《学習の振り返り時》 今日の泳ぎのできばえを確かめているかを学習カードから見取る。

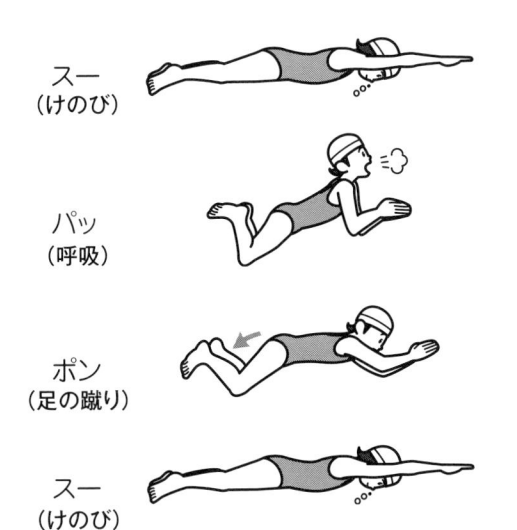

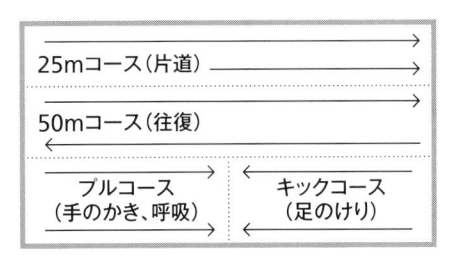

高学年の資料

[5年生・6年生]

学習カード

みんなでめざそう！ 泳ぎの達人

5 年　　組　　番　　名前	
今年の目標	〈泳ぎ〉 〈学び方〉

時	みんな一緒のめあてで（1〜5時）	一人一人のめあてで（6〜10時）
0分		

リズム水泳：音楽に合わせて、浮く・泳ぐ感覚を楽しみます。

●けのびやばた足競争、ゲーム　　　　●スイム駅伝（4人で目標記録をめざします）

ポイント学習　　　　　　　　　　　**グループ別学習**

クロールや平泳ぎのポイントと練習方法を知り、　自分の課題に合ったコースで、
自分の課題をつかみます。　　　　　　　　　　泳ぎの達人をめざして練習します。

1時 クロール	2時 クロール		6・7時 クロール
◎ばた足 ◎面かぶり	◎呼吸		

3時 平泳ぎ	4時 平泳ぎ	5時 平泳ぎ	8〜10時 平泳ぎ
◎かえる足 ◎リズム	◎手のかき ◎呼吸	◎伸びのある泳ぎ	

ペアでお互いの泳ぎを見合いながら練習します。

25m泳：学習の成果を確かめます。

45分

[5年生]

	1時　月　日（　）	2時　月　日（　）	
ポイント学習	●クロール1 [できばえチェック] ◎ばた足　1　2　3　4 ◎面かぶりクロール　1　2　3　4	●クロール2 [できばえチェック] ◎呼吸（ビート板あり）　1　2　3　4 ◎呼吸（ビート板なし）　1　2　3　4	「泳ぎの達人」ポイントチェックで、できているかをチェックしよう！ [できばえチェック] 1…できた 2…まあまあできた 3…あまりできなかった 4…むずかしかった
ふり返り			

	3時　月　日（　）	4時　月　日（　）	5時　月　日（　）
ポイント学習	●平泳ぎ1 [できばえチェック] ◎かえる足　1　2　3　4 ◎リズム　1　2　3　4	●平泳ぎ2 [できばえチェック] ◎手のかき　1　2　3　4 ◎呼吸　1　2　3　4	●伸びのある泳ぎ [できばえチェック] ◎クロール　1　2　3　4 ◎平泳ぎ　1　2　3　4
ふり返り			

	6時　月　日（　）	7時　月　日（　）
グループ別学習	●クロール 練習するコースに○をつけよう ・じっくりコース ・すいすいコース ・ぐんぐんコース 練習したこと［　　　　］	●クロール 練習するコースに○をつけよう ・じっくりコース ・すいすいコース ・ぐんぐんコース 練習したこと［　　　　］
ふり返り		

	8時　月　日（　）	9時　月　日（　）	10時　月　日（　）
グループ別学習	●平泳ぎ 練習するコースに○をつけよう ・じっくりコース ・すいすいコース ・ぐんぐんコース 練習したこと［　　　　］	●平泳ぎ 練習するコースに○をつけよう ・じっくりコース ・すいすいコース ・ぐんぐんコース 練習したこと［　　　　］	●平泳ぎ 練習するコースに○をつけよう ・じっくりコース ・すいすいコース ・ぐんぐんコース 練習したこと［　　　　］
ふり返り			

学習カード

クロールの達人 ポイントチェック

友達の泳ぎを見て、ばた足や手のかき、呼吸のできばえを伝えてあげよう。

🎯 キック（ばた足）

（　　　）ひざや足首を伸ばして、リズムよくけっている。
（　　　）足の親指と親指がこすれるようにけっている。
（　　　）ばた足をしている体（こし）が、しずんでいない。

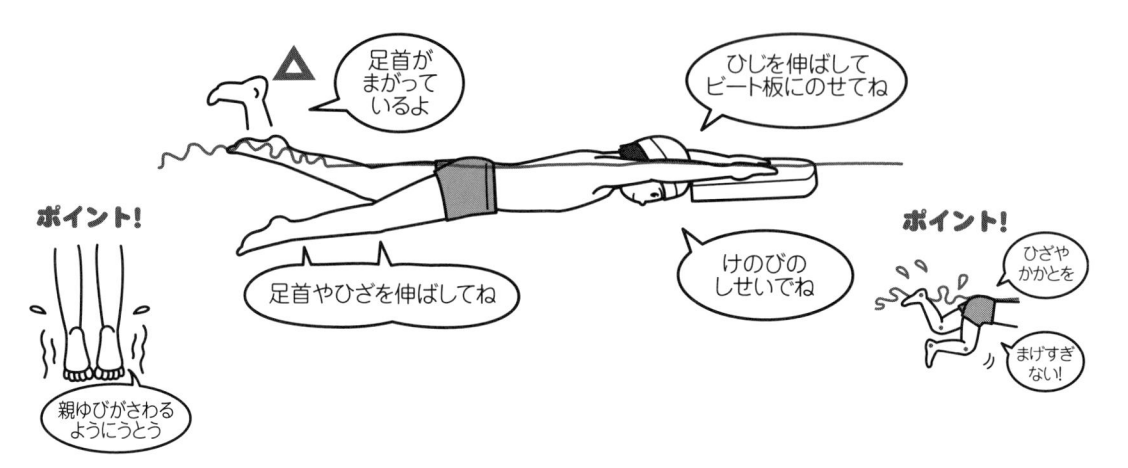

○：できている
△：まだできていない

ポイント！
親ゆびがさわるようにうとう

足首がまがっているよ
足首やひざを伸ばしてね
ひじを伸ばしてビート板にのせてね
けのびのしせいでね

ポイント！
ひざやかかとをまげすぎない！

🎯 プル（手のかき）・呼吸（息つぎ）・泳ぎのリズム

（　　　）前にうでを伸ばして、最後は太ももまでしっかりとかききっている。
（　　　）前に伸ばしたうでをまくらにして、顔を前に上げずに息つぎをしている。
（　　　）1、2、パッ、4のリズムで、1回ずつ手を前でそろえて泳いでいる。

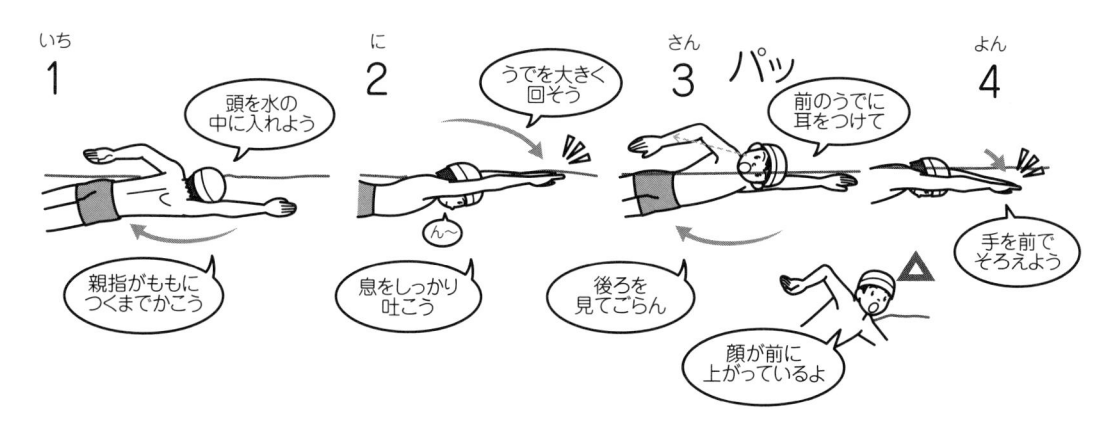

いち　　　　　に　　　　　さん　パッ　　　　よん
1　　　　　　2　　　　　　3　　　　　　　　4

頭を水の中に入れよう
親指がももにつくまでかこう

うでを大きく回そう
ん〜
息をしっかり吐こう

前のうでに耳をつけて
後ろを見てごらん

手を前でそろえよう
顔が前に上がっているよ

[5年生]

平泳ぎの達人 ポイントチェック

友達の泳ぎを見て、かえる足や手のかき、呼吸のできばえを伝えてあげよう。

🎯 キック（かえる足）

(　　) 足を引きつけたときに、足首がしっかり曲がっている。
(　　) ももがおなかの下に入らない（おしりがポコンと出ない）。
(　　) 蹴り合わせたときに、つま先がぶつかっている。

○：できている
△：まだできていない

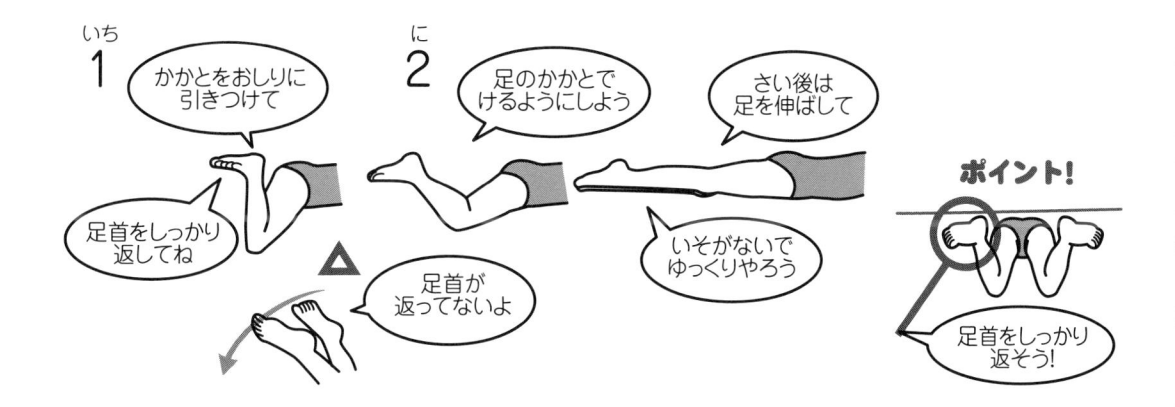

1 かかとをおしりに引きつけて
足首をしっかり返してね
△ 足首が返ってないよ

2 足のかかとでけるようにしよう
さい後は足を伸ばして
いそがないでゆっくりやろう

ポイント！
足首をしっかり返そう！

🎯 プル（手のかき）・呼吸（息つぎ）・泳ぎのリズム

(　　) ポンでけって、スー、パッ、ポン、スーのリズムでゆっくりと泳ぐ。
(　　) 呼吸のとき、「パッ」と顔を上げてすぐに水に入れている。
(　　) 呼吸のあと、体が浮いてくるまでけのび「スー」のしせいで待つ。

スー　　　　パッ　　　　ポン　　　　スー

けのびのしせい
息を吐く
体がういてきたらパッと手をかこう

こきゅうしながらひざを曲げよう

すぐに頭を入れて

あごを引いて下を見よう
体がういてくるまで待とう

学習カード

みんなでめざそう！ 泳ぎの達人

6年 組 番 名前	
今年の目標	〈泳ぎ〉 〈学び方〉

時	みんな一緒のめあてで（1～4時）	一人一人のめあてで（5～10時）
0分 ↓ 45分	**リズム水泳**：音楽に合わせて、浮く・泳ぐ感覚を楽しみます。 **スイム駅伝**：4人グループで、プールの横方向を1人1往復ずつリレーのように引き継いで泳ぎます。5分間で泳げた距離を数え、毎時間記録を伸ばしていきます。 **ポイント学習** 泳ぎのポイントやペアでの学び合い、練習の仕方を知る時間です。 	1時	2時	3時	4時
---	---	---	---
○ばた足 ○手のかき ○呼吸	○伸びのあるクロール	○かえる足 ○手のかき ○呼吸	○伸びのある平泳ぎ | **1分間泳**：4人組で行い、1人が1分間ずつ泳ぎます。1人が泳いでいる時、他の3人は、その子のめあてのできばえを見て、伝えてあげます。 ●ふり返り	**ペア学習** 時間を2つに分け、交代で練習をする。1人が練習する時には、もう1人がプールサイドやプールの中で友達の泳ぎを見て助言したり、補助したりする時間です。 | 5時	6時	7時
クロール	クロール	平泳ぎ
8時	**9時**	**10時**
平泳ぎ	選択	選択 | ●ふり返り

[6年生]

🎯 ペア学習の仕方

> 水泳の学習では、自分の姿を見ることができないので、友達に見てもらうことが役に立ちます。互いに自分のめあてを伝え、よく見合って学習することが大切です。
> このペア学習では、「Aさんの練習時間」「Bさんの練習時間」に分けて、交代で練習します。
> ペア学習のポイントは、自分のめあてを具体的に伝えることです。
>
> **①いつ(どの時に)、②どこを(体の部位)、③どうする(動き)**
>
> この3点が相手に分かるように、伝え合っていきましょう。

●学習の仕方(Aさんの練習時間の例)

(1)めあてを伝える
　Aさん:「今日はクロールの練習をします。場所は25mコースです。めあては**呼吸の時**に、**顔を後ろに向ける**ことです。顔の向きを特に見てください」
　Bさん:「うん、分かった」

(2)練習コースに2人で移動する
　Aさんがプールの中に入り、Bさんはプールサイドを歩きながら見ます。
　Bさん:「呼吸の時は後ろを見ているけど、その後に顔が前を向いてるよ」

(3)プールから上がる
　Aさん:「どうだった?」
　Bさん:「呼吸の時はできていたから、その後に前を向かず、すぐ顔を水の中に戻すといいよ」
　Aさん:「分かった。もう一度やってみるね」

●うまくいかない時

①プールサイドに掲示してある練習方法を見て、やさしい練習をやってみましょう。
②2回やってもうまくできないときは、先生に相談しましょう。
③ペアの人がビート板や体の一部を支えるなど、補助をしてあげましょう。

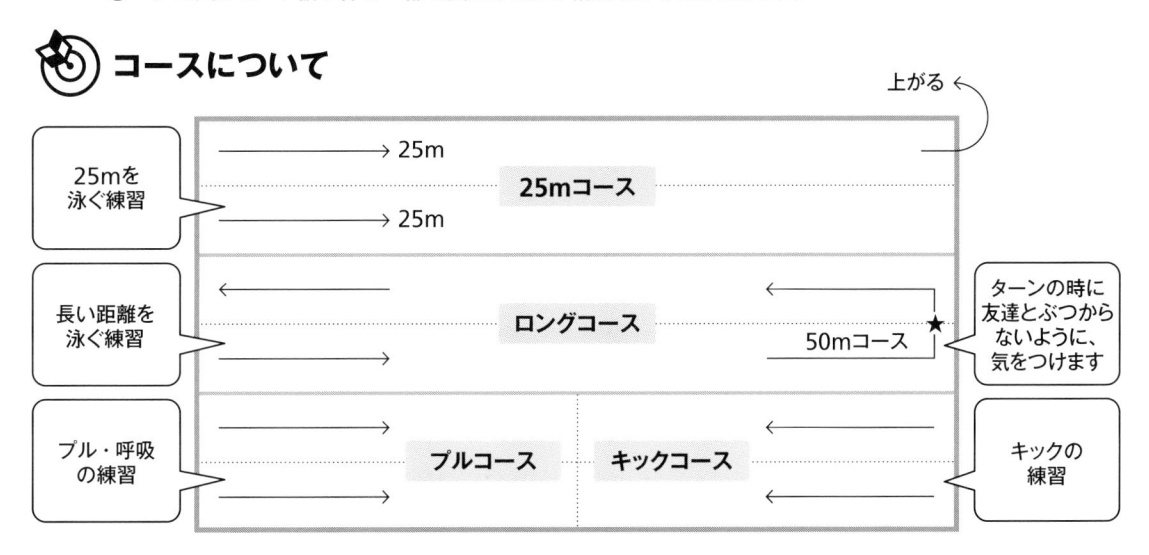

🎯 コースについて

25mを泳ぐ練習	→ 25m　　25mコース　　→ 25m		上がる ←
長い距離を泳ぐ練習	← ロングコース ← 50mコース		ターンの時に友達とぶつからないように、気をつけます
プル・呼吸の練習	→ プルコース	キックコース ←	キックの練習

学習カード

1時〜4時

| | 6 年　　　組　　　番　名前 |

	1時　　　　　　月　日（　）	2時　　　　　　月　日（　）
スイム駅伝	今日の記録 　　　　　　　　　　　m	今日の記録 　　　　　　　　　　　m
ポイント学習	●クロール ［できばえチェック］　◎ばた足　　　　◎呼吸 　　　　1　2　3　4　　1　2　3　4 　　　　◎手のかき 　　　　1　2　3　4	●クロール ［できばえチェック］　◎伸びのあるクロール 　　　　1　2　3　4
1分間泳	泳いだ距離　　　　　　　m 手のかき数　　　　　　　回	泳いだ距離　　　　　　　m 手のかき数　　　　　　　回
ふり返り		

	3時　　　　　　月　日（　）	4時　　　　　　月　日（　）
スイム駅伝	今日の記録 　　　　　　　　　　　m	今日の記録 　　　　　　　　　　　m
ポイント学習	●平泳ぎ ［できばえチェック］　◎かえる足　　　◎呼吸 　　　　1　2　3　4　　1　2　3　4 　　　　◎手のかき 　　　　1　2　3　4	●平泳ぎ ［できばえチェック］　◎伸びのある平泳ぎ 　　　　1　2　3　4
1分間泳	泳いだ距離　　　　　　　m 手のかき数　　　　　　　回	泳いだ距離　　　　　　　m 手のかき数　　　　　　　回
ふり返り		

[6年生]

5時〜10時　　6年　組　番　名前

	5時　月　日（　）	6時　月　日（　）	7時　月　日（　）
スイム駅伝	今日の記録　　　　　m	今日の記録　　　　　m	今日の記録　　　　　m
ペア学習	●めあて ●コース	●めあて ●コース	●めあて ●コース
1分間泳	泳いだ距離　　　　m 手のかき数　　　　回	泳いだ距離　　　　m 手のかき数　　　　回	泳いだ距離　　　　m 手のかき数　　　　回
ふり返り			

	8時　月　日（　）	9時　月　日（　）	10時　月　日（　）
スイム駅伝	今日の記録　　　　　m	今日の記録　　　　　m	今日の記録　　　　　m
ペア学習	●めあて ●コース	●めあて ●コース	●めあて ●コース
1分間泳	泳いだ距離　　　　m 手のかき数　　　　回	泳いだ距離　　　　m 手のかき数　　　　回	泳いだ距離　　　　m 手のかき数　　　　回
ふり返り			

学習カード

グループで記録をのばそう！
スイム駅伝

●スイム駅伝とは？

4人グループで、プールの横方向を使い、1人が片道10mずつ、リレーのように交代で泳ぎます。グループのみんなで、5分間で合計何m泳げたかを数えます。毎時間、その記録をグループで伸ばしていくことをめざす活動です。

5分

●目標記録の決め方

①1回目のスイム駅伝の時に、5分間で何m泳げたかを記録します。
②（1回目の記録×スイム駅伝を行う回数）を計算します。
③計算で出た記録をめやすに、目標記録を決めましょう。

●泳ぐ順番を決めよう。

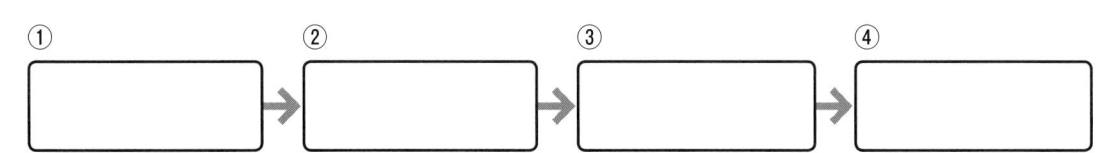

①	②	③	④

自分たちの目標記録が達成できるように、協力してがんばろう。「がんばれー」「いいぞ！」といった、かけ声のかかるグループをめざしていこうね。さあ、目標記録を決めたら、「スイム駅伝」のスタートだよ！

[5年生・6年生]

| 年　　組　　番　　名前 |

●いけたところまで色をぬって、日付を書いておこう！　　　※目標の記録には、赤線をつけておこう。

スタート
START
1マス10mだよ →

　　　　　50m　　　　100m　　　　150m　　　　200m

　　　　250m　　　　300m　　　　350m　　　　400m　　　　450m

＼やったね！／ **500m**　　　550m　　　　600m　　　　650m　　　　700m

　　　　750m　　　　800m　　　　850m　　　　900m　　　　950m

＼おめでとう！／ **1000m**　　1050m　　　1100m　　　1150m　　　1200m

　　　　1250m　　　1300m　　　1350m　　　1400m　　　1450m

＼すごいぞ！／ **1500m**　　1550m　　　1600m　　　1650m　　　1700m

　　　　1750m　　　1800m　　　1850m　　　1900m　　　1950m

＼びっくり!!／ **2000m**　　2050m　　　2100m　　　2150m　　　2200m

児童用資料①

クロールをマスターしよう！①

	練習の内容	チェックポイント	合格
ばた足泳ぎ	①こしかけばた足 浅くこしかけて、手を後ろにつく。	・親指と親指をこするようにけれているかな？	できた日付を書こう
	②かべもちばた足 顔を上げたままばた足→プールサイドにひじをつけて、「カマキリの手」で。　　顔を入れてばた足→ひじを伸ばして肩まで水に入れる。	・足首やひざは伸びているかな？ ・太ももを大きく動かしているかな？	
	③ビート板ばた足 前に顔を上げたままばた足→ビート板にひじを乗せる。　　顔を入れたままばた足→ビート板の下の方に手のひらを置く。　1,2,（パッ）4で呼吸	・リズムよくけってよく進んでいるかな？	
	④ばた足泳ぎ 手を引いてもらってばた足→顔を水に入れ、ひじを伸ばして軽く手を乗せる。　　自分の力でばた足→手を前でそろえてけのびの姿勢で。	・両手がしっかり前に伸びているかな？	
クロールの手のかき・呼吸	⑤陸上で手のかき 呼吸の反対側の手から 1.手をかく　2.前でそろえる　3.パッ。呼吸　4.そろえる	・毎回、手を前でそろえているかな？ ・太もものところまで手をかいているかな？	
	⑥プールの中で歩きながら手のかき 1, 2,　（パッ）4	・呼吸の時に、うでに耳をつけるように横に顔を上げているかな？	

児童用資料② [5年生・6年生]

クロールをマスターしよう！②

	練習の内容	チェックポイント	合格
ク ロ ー ル の 手 の か き ・ 呼 吸	**①ビート板クロール** 友達にビート板を引いてもらいながら、クロールで泳ごう。 友達は「1、2、パッ、4」の声をかけてあげよう。	・呼吸の時に、あごを引いて後ろを見るようにしているかな？	
	②面かぶりクロール 片手ずつ、「1、2」「3、4」と手を前でそろえる。 しっかりとばた足をし、手を大きく回して1回ずつ前で手をそろえます。	・手をももまでしっかりとかいて、前でそろえているかな？	
	③呼吸つきクロール	・「1、2、パッ、4」のリズムで、呼吸をしながら泳げているかな？	
伸 び の あ る ク ロ ー ル	**④歩きながらグィーン・グィーンクロール** 片方のうでは前に伸ばしたままで、もう一方の手を「グィーン」「グィーン」と、ももまでかききろう。	・うでを前に伸ばし、遠くの水をつかんでいるかな？	
		・太ももに指が当たるくらい最後までしっかり水をかいているかな？	
	⑤伸びを意識してグィーン・グィーンクロール	・うでを前にしっかり伸ばし、「グィーン、グィーン」とかききっているかな？	
	⑥25mのかき数を数える 友達に、25mの手のかき数を数えてもらおう。	・水中でしっかり息をはき、あわが出ているかな？	
		・25mを何かきで泳げるかな？	（　）かき

児童用資料③

平泳ぎをマスターしよう！①

	練習の内容	チェックポイント	合格
か え る 足	①**プールサイドにこしをかけて、かえる足** 1（かかとをかべにつける）、キュッ（足の指を「パー」のようにひらいて、足首を返す）2ぃー（足をそろえる）。	・足を引きつけるときに、足首がしっかり曲がっているかな？	できた日付を書こう
		・け り終わった後、つま先がまっすぐそろっているかな？	
	②**かべにつかまって、かえる足（顔を上げて）** 1（足を引きつける）、2ぃー（けりはさむ）のリズムで。 足をおなかの方に引きつける　　外へけりっぱなし	・おしりがポコンとでないでできるかな？	
		・けった後、つま先がそろうまで足を伸ばしているかな？	
	③**かべにつかまって、かえる足（呼吸しながら）** パッ（呼吸）、ポン（足のけり）、スー（足をそろえる）。	・足首がしっかり曲がっているかな？	
		・「パッ・ポン・スー」のリズムでできるかな？	
	④**友達にビート板を引いてもらいながらかえる足** 友達にビート板を引いてもらいながら、かえる足で泳ごう。 友達は「1、2ぃー」の声をかけてあげよう。	・足首がしっかり曲がっているかな？	
		・「1、2ぃー」のリズムでかえる足ができているかな？	
	⑤**ビート板をもって、呼吸しながらかえる足** 顔を水の中に入れて、スー（けのびの姿勢）、パッ（呼吸）、ポン（足をける）、スー（足をそろえる）。 スー　　パッ　　ポン　　スー	・足首がしっかり曲がっているかな？	
		・けったあと、つま先がそろうまで伸びているかな？	

児童用資料④　　　　　　　　　　　　　　　　　　　　　　[5年生・6年生]

平泳ぎをマスターしよう！②

	練習の内容	チェックポイント	合格
平泳ぎ	①**水中で立って、うでのかき（かたまで水に浸かって）** わきをしめ、ひじから前のうで全体で水をすくうように。 胸の前でひじを合わせ、両手で集めた水を前に送るように。	・うでを、ハートの形を逆さまにしたようにかいて、前でしっかり伸ばしているかな？	／
	②**けのびから「スー、パッ、（ポチャン）、スー」で立つ** スー（けのび）、パッ（呼吸）、ポチャン（顔を入れる）、スー（けのび）、立つ。 ※まだ足のけりはしないで、ういてくるまで待って立とう。	・「パッ」の時に、首だけ動かして息を吸えているかな？	／
		・「パッ」の後、ポチャンと顔を入れてういてくるまで待っていられたかな？	／
	③**「スー、パッ、ポン、スー」1回** スー（けのび）、パッ（呼吸）、ポン（足のけり）、スー（けのび）、立つ。	・「スー」でしっかりとあごを引いて、けのびの姿勢になっているかな？	／
	④**「パッ、ポン、スー」2回** スー、パッ、ポン、スー・パッ、ポン、スー、立つ。 （けのび、呼吸、足のけり）（けのび、呼吸、足のけり） ※一つ一つの動きをゆっくりとやろう。	・「パッ」で息をしっかり吸えているかな？	／
		・「ポン」でゆっくりとけり、「スー」でつま先がそろうまでけのびができているかな？	／
	⑤**「スー、パッ、ポン、スー」「パッ、ポン、スー」をくり返す**	・リズムよくくり返して泳げているかな？	／
伸びのある平泳ぎ	⑥**25mのけり数（かき数）を数える** ビート板かえる足で、25mを何けりでいけるか、友達に数えてもらおう。 平泳ぎで、25mを何けり（何かき）でいけるか、友達に数えてもらおう。	・ビート板かえる足で25mを何けりで泳げるかな？	（　）けり
		・25mを何かきで泳げるかな？	（　）かき

児童用資料⑤

ターンをマスターしよう！（クロール編）

1. 片手をかべにつく
2. 体を引きつける
3. 足を横向きにつける
4. 手でかべを押し、頭をグッと水中に入れる
5. 横向きに体をしずめる

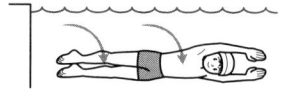

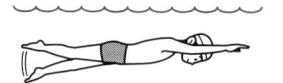

（足の向き）

6. 深めにかべをけって、体をひねってけのびの姿勢になる
7. ばた足を始める
8. 水面についてきたら手をかき始める

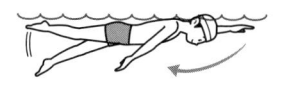

	練習の内容		チェックポイント	合格
ク ロ ー ル の タ ー ン	①**かべにつかまった姿勢から** 1. 図のように、体を横向きにしてかべにつかまる。 2. 体全体を横向きにして、足もかべに横向きにつき、手をはなして体をしずめる。 3. 体全体が水中にしずんだら、横向きのままかべをけり、体をひねってけのびの姿勢でうき上がる。 		・横向きの姿勢で体がしずめられたかな？ ・頭が全部水の中に入ってから、けのびができたかな？	
	②**かべから少しはなれたところから** 1. かべから少しはなれたところに立つ。 2. 片手でかべにタッチし、手で体を引き寄せる。 3. かべをつかんだ手を水中に入れると同時に、横向きで頭を水中に深くしずめる。 4. 横向きでかべをけり、水中をやや深めに進む。 		・片手で、体をしっかり引きつけられたかな？ ・横向きでかべをけり、体をひねることができたかな？	
	③**5m泳いで、ターンで往復** 1. 図のように、プールの中央から横のかべに向かって泳ぎ、ターンして往復する。 2. かべに手がついたら、体を引きつけて、体をしっかりしずめて、かべを強くける。 3. 「けのび→ばた足」の順で水中を進み、うき上がってきたら、手をかき始める。 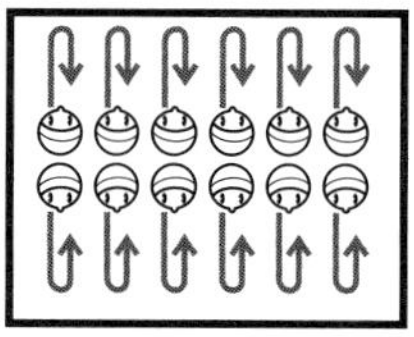		・しっかりもぐってから、深めのけのびができたかな？ ・「けのび→ばた足」の順番でうき上がってこられたかな？	

児童用資料⑥　　　　　　　　　　　　　　　　　　　　　　　　　　　　　[5年生・6年生]

ターンをマスターしよう！（平泳ぎ編）

1. 両手をかべにつく
2. 体を引きつけながら片手をはなす
3. もう一方の手でかべを押しながら頭を水中に入れる　グッと
4. 横向きに体をしずめる

5. 深めにかべをけって、体をひねってけのびの姿勢になる
6. 体が水面にうき上がるまで待つ
7. うき上がったら手のかきと呼吸から始める　パッ

	練習の内容	チェックポイント	合格
平泳ぎのターン	① **かべにつかまった姿勢から** 1. 右のイラストのように、かべの方を向いて両手でかべにつかまる。 2. 片手をはなし、体を横向きにして、足をかべに横向きにつける。 3. もう一方の手をはなしたら、体をしずめて横向きでかべをけり、体をひねってけのびの姿勢になり、うき上がる。 	・両手でかべにつかまった姿勢からできたかな？ ・片手ずつはなして、体をしずめてけのびができたかな？	
	② **かべから少しはなれたところから** 1. かべから少しはなれたところに立つ。 2. 両手でかべにタッチし、体を引きつけたら、かべを押すように手をはなしながら体をしずめる。 3. もう一方の手をはなしながら、体全体を横向きにして、水中に深くしずめる。 4. 横向きでかべをけり、やや深めのけのびをする。 	・両手でかべを押しながら、体をしずめられたかな？ ・横向きでかべをけり、体をひねることができたかな？	
	③ **5m泳いで、ターンで往復** 1. 右のイラストのように、プールの中央から横のかべに向かって泳ぎ、ターンして往復する。 2. かべに両手をつけて、体を引きつけたら体をしっかりしずめて、かべを強くける。 3. 深めのけのびで水中を進み、うき上がってきたら、手のかきと呼吸から始める。 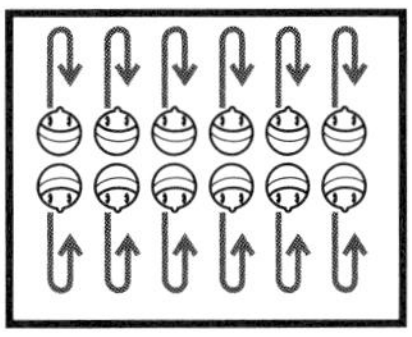	・体をしっかりしずめてから、深めのけのびができたかな？ ・「けのび→手のかき・呼吸」の順番でうき上がれたかな？	

教師用指導資料①

クロールをマスターしよう！

練習内容・教師の支援	言葉かけの例
①腰かけばた足 ・手または肘を体の後ろにつき、できるだけ腰が曲がらないようにする。 ※はじめは教師が足を蹴るリズムを手拍子や笛で伝える。	「浅く腰かけて、手を後ろにつこう」 「親指と親指がこすれるように」 「膝やかかとが曲がらないように」 「水を蹴り上げるようにしよう」
②壁もちばた足 ・壁のもち方は2種類。顔を上げると指示を聞きながら運動できる。顔を入れると実際の泳ぎに近い姿勢になる。 ※足を打つリズムは教師が伝える。	「足首や膝を伸ばそう」 「足の付け根から大きく動かそう」 「足首の力をぬいて、つま先を軽く伸ばそう」
③ビート板ばた足 ・ビート板の横をもち、肘をしぼってビート板の上にのせる。 ・最初は顔を上げたまま行う。次に顔を水に浸けて行う。 ※よく進まない子どもは、友達にビート板を引いてもらってもよい。	「肘をまっすぐに伸ばしてビート板にのせよう」 「足首をやわらかく動かそう」 「足が水の上に出すぎないように」
④ばた足泳ぎ ・最初は友達に手を引いてもらってもよい。 ・できるようになったら、両手を前に伸ばし、壁を蹴って行わせる。	「両手をしっかり前に伸ばそう」 「リズムよくドッドッドッと蹴りおろそう」
⑤陸上で手のかき ※1（呼吸と反対側の手をかく）、2（手を前でそろえる）、3（顔を横に上げる）、4（手を前でそろえる） ・気をつけの姿勢で手を上に伸ばし、クロールの手のかきの練習をする。 ・腰を曲げ上半身を水平方向にして、手のかきを練習する。	「片方の手が一周して、前でそろってから反対の手をかこう」 「太腿に親指が当たるくらいまでしっかりとかいて、大きく回そう」
⑥プールの中で歩きながら手のかき ・水中で腰を曲げて、肩まで水に浸かり、歩きながらクロールの手のかきを練習する。 ・まず、顔を上げたまま行い、次に顔を水に入れて行う。最後に呼吸のタイミングと顔の上げ方の練習をする。	「いつも、片方の手は前で伸ばそう」 「太腿のところまで手をかこう」 「毎回、手を前でそろえよう」 「呼吸の時は腕を枕のようにして」 「1、2、パッで顔を上げよう」

高学年における水泳指導の展開例 Ⅳ

[5年生・6年生]

練習内容・教師の支援	言葉かけの例
⑦**ビート板クロール** ・ビート板の中央の少し下よりに手を置き、ビート板を引いてもらって、ばた足しながら手のかきの練習をする。 ・はじめは面かぶりクロールの練習をする。 ・次に、呼吸のタイミングと顔の上げ方の練習をする。	「友達は、ビート板を引きながら1、2、パッ、4の声をかけてあげよう」 「呼吸の間も、ばた足を忘れないようにしよう」 「腕と耳の後ろがついているかな？」
⑧**面かぶりクロール** ・友達の手の上に両手を軽く置き、手を引いてもらいながら、1回ずつ手を前にそろえて面かぶりクロールをする。 ・補助者なしで面かぶりクロールをする。	「1、2で片方の手が一周するよ」 「10数えるまで面かぶりで進もう」 「毎回、前で手をそろえよう」 「手を腿までしっかりかききろう」 「あごを引き、頭を起こさないで」
⑨**呼吸つきクロール** ・まずは「1、2、パッ、4」を1回やって立つ。 ・次に2回やって立つ。 ・その後は連続でリズムを繰り返して泳ぐ。 ※はじめは、友達に軽く手を引いてもらってもよい。	「あごを引いて、後ろの肩を見るように顔を上げよう」 「前の腕を枕にして、頭を寝かせるようにしよう」 「水の中でしっかり息を吐こう」 「パッと息を吐いてから呼吸しよう」
⑩**歩きながらグィーン・グィーンクロール** ・水中で腰を曲げて、肩まで水に浸かり、歩きながらクロールの手のかきを練習する。 ※かけ声は「グィーン、グィーン」。特に「ィーン」を強調し、前の手は前、後ろの手は後ろに引っぱられるような動きをイメージさせる。	「腕を前にグィーンと伸ばそう」 「遠くの水をつかもう」 「太腿に指が当たるくらい、最後までしっかりと水をかこう」
⑪**伸びを意識してグィーン・グィーンクロール** ・腕の前への伸びを意識しながらクロールの練習をする。	「グィーン、グィーンと言いながら腕を前にしっかり伸ばして泳ごう」
⑫**25mのかき数を数える** ・水中でしっかり息を吐いてクロールを練習する。 ・25mを泳ぐときに、友達と一緒にプールサイドを歩いてもらい、25mのかき数を数えてもらう。かき数が少なくなれば、ひとかきでより効率よく進むようになったということである。	「水中でしっかり息を吐こう」 「自分の呼吸の泡が見えるかな？」 「パッと顔を横に上げ、呼吸しよう」 「『グィーン、グィーン、ブクブクブク、パッ』のリズムで伸びを意識して泳ごう」 「ばた足も、力強くドッドッドッと蹴ろう」

教師用指導資料②

平泳ぎをマスターしよう！

練習内容・教師の支援	言葉かけの例
①プールサイドに腰をかけて、かえる足 ・プールサイドに浅く腰かけ、手を体の後ろにつく。できるだけ腰が曲がらないようにする。 ・膝を水中に入れ、かえる足の練習をする。はじめは、教師が足を蹴るリズムを手拍子や笛で伝える。 ・2人組の1人がかえる足を行い、もう1人が後ろから「1、キュッ、2」の声をかけたり、できばえを伝えたりする。	「浅く腰かけて、手を後ろにつこう」 「『1、キュッ、2』のリズムでかえる足をしよう」 「『キュッ』で足首をしっかりと返そう」 「『2ぃーい！』で、つま先がしっかりとそろうまで蹴りはさもう」
②壁につかまって、かえる足（顔を上げて） ・「カマキリの手」で、ひじをプールの壁につけ、肩まで水に入るようにする。 ・「『2ぃーい』でけのびの姿勢になったとき、足がしずまないように、背中に少し力を入れる。 ・最初は「1、キュッ、2」のリズムを教師が伝えて行う。慣れてきたら「1」と同時に足首を返し、「1、2ぃーい」のリズムへ切り替える。	「『1』で少し体をそるようにして、かかとをおしりに引きつけよう」 「おなかの方へ足を曲げないように」 「『2ぃーい』で、最後は足がそろうまで伸ばそう」 「その時、背中に少し力を入れて、足がしずまないようにしよう」
③壁につかまって、かえる足（呼吸しながら） ・ひじを伸ばして顔を水に浸け、けのびの姿勢に近づける。 ・呼吸のタイミングは、足を蹴った後、足が完全にそろってから。呼吸とほぼ同時に、足をゆっくり引きつけ始める。 ・このときから、かけ声を「パッ、ポン、スー」にする。	「『パッ、ポン、スー』のリズムでかえる足をしよう」 「『スー』としっかり足をそろえてから、ゆっくり顔を上げて呼吸しよう」 「ゆっくり足を引きつけ、足を返そう」
④友達にビート板を引いてもらいながらかえる足 ・呼吸をつけないときは「1、2ぃーい」のかけ声で。 ・ビート板を使って、かえる足泳ぎをする。 ・蹴り始めはゆっくりと、足のうらで水を押すようにして、最後に足がそろうまでしっかり蹴りはさむ。	「『1、2ぃー』のリズムでかえる足をしよう」 「『1』のときに足首を返そう」 「『2ぃーい』で、背中に力を入れて、つま先がそろうまで蹴りはさもう」
⑤ビート板をもって、呼吸しながらかえる足 ・「スー、パッ、ポン、スー」のリズムでかえる足を練習する。 ・はじめの「スー」はけのび。実際には「呼吸と足の引きつけ、蹴る、伸びる」の繰り返しなので、2回目からは「パッポンスー、パッポンスー」というかけ声になる。	「『スー、パッ、ポン、スー』のリズムでかえる足をしよう」 「『パッ』で足を引きつけよう」 「『スー』で足をそろえてしっかり伸びよう」

高学年における水泳指導の展開例 Ⅳ

[5年生・6年生]

練習内容・教師の支援	言葉かけの例
⑥水中で立って、腕のかき（肩まで水に浸かって） ・水中で中腰になり、肩まで水に浸かって、手で水をとらえる練習をする。 ・はじめは手のひらが下向き。逆ハートを描きながら手のひらを上に向け、胸の前で水をすくうようにする。 ・手のひらをそろえて、その水を前へ送り出すようにする。	「はじめは手を前で伸ばそう」 「手のひらは後ろ向きで、逆ハートの形になるように手をかこう」 「胸の前で水をすくって、その水をこぼさないように前に置こう」 「繰り返して、水をとらえる感じをつかもう」
⑦けのびから「スー、パッ、（ポチャン）、スー」で立つ ・けのびの姿勢で浮いたまま、「スー、『パッ』」で呼吸をして、その後「ポチャン」と顔を水に入れてから立つ。 ・呼吸のときに顔を「パッ」と上げたら、すぐ水に入れる。 ・呼吸の後、いったんしずむが、浮いてくるまで待ってから立つ。	「水をすくうようにしたときに、顔を上げて『パッ』と呼吸をしよう」 「呼吸をした後は、すぐに『ポチャン』と、顔を水に入れよう」 「けのびの姿勢で体が浮いてくるのを待ってから、立とう」
⑧「スー、パッ、ポン、スー」1回 ・けのびから「スー、パッ、ポン、スー」を1回やって立つ。 ・「スー」でしっかりとあごを引いてけのびの姿勢になる。 ・浮いてくるのを待ってから立つ。	「スーの時はあごを引いてけのび」 「『パッ』で足をゆっくり引きつけて、『ポン』と蹴ります。『スー』で浮いてくるのを待って立とう」
⑨「スー、パッ、ポン、スー」2回 ・けのびから「スー、パッ、ポン、スー」を2回行う。 ・2回目は、かけ声は『パッ、ポン、スー』になる。 ・体が浮いてくるまで立たないようにする。	「『スー』で水の中で『んー』と少しずつ息を出そう」 「『パッ』で顔を上げて、呼吸すると同時に足を引きつけよう」 「『ポン』で、あごを引いて頭を入れながら、足を蹴りだそう」 「『スー』でしっかりと伸びをとりながら、また水の中で『んー』と息を出そう」
⑩「スー、パッ、ポン、スー」「パッ、ポン、スー」を繰り返す ・「スー、パッ、ポン、スー」のあとに「パッ、ポン、スー」を行う。体が浮いてきたら次を行う。	「ゆっくりとしたリズムで、繰り返し泳いでみよう」 「蹴った後に、足の親指同士がつくまで蹴りはさもう」
⑪25mの蹴り数（かき数）を数える ・25mのかき数を数えてもらいながら平泳ぎの練習をする。 ・ゆっくり足を引きつけ、蹴りの後半に力を入れて、足の内股で水を「グゥーン」と蹴りはさむような意識で蹴る。	「足を力強く『グゥーン、グゥーン』と蹴りはさんで進もう」 「25mを何蹴り（何かき）で泳げるかな？少ない方が上手だよ」

教師用指導資料③

リズム水泳

ねらい
- 音楽に合わせて、友達と一緒に、浮く・もぐるなどの水中での動きを楽しむ。
- 水泳の技能につながる、水中での運動の感覚を養うことができる。

準備
- 音楽：行進のリズムくらいの、比較的ゆっくりしたテンポの曲を使用する。
- 笛：「浮く・もぐる」など、ポイントとなる動きの際に、笛で始まりや終わりの合図をする。

隊形の例

①プール水底の線を利用して
子どもはプール水底の線の上に立ち、1人で行う動きをします。

②グループで輪になって
4人グループで輪になり、輪の中心を向いて4人で同じ動きをします。

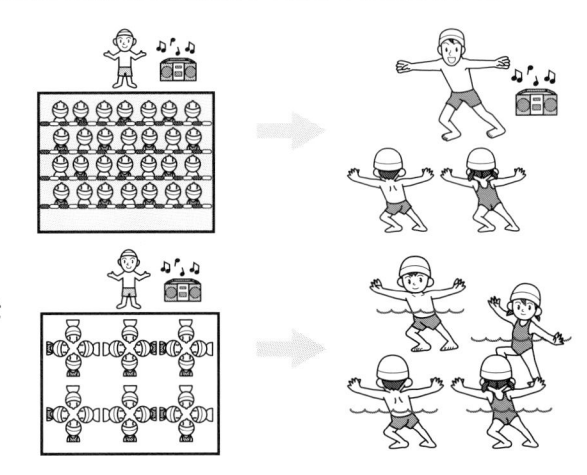

動きの例

①1人で行う動き
曲の前半：簡単な動きで、手や足で水をとらえる感覚、水中での呼吸の感覚を味わう。

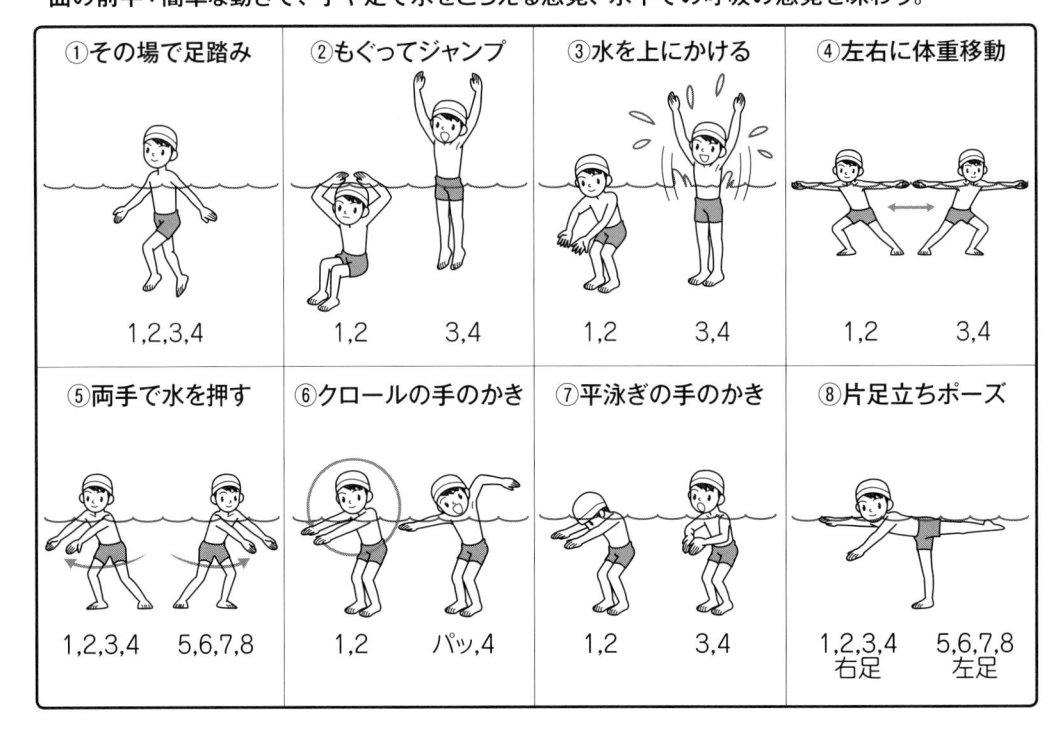

①その場で足踏み	②もぐってジャンプ	③水を上にかける	④左右に体重移動
1,2,3,4	1,2　　3,4	1,2　　3,4	1,2　　3,4

⑤両手で水を押す	⑥クロールの手のかき	⑦平泳ぎの手のかき	⑧片足立ちポーズ
1,2,3,4　5,6,7,8	1,2　　パッ,4	1,2　　3,4	1,2,3,4　5,6,7,8 右足　　左足

162

高学年における水泳指導の展開例 **Ⅳ**

[5年生・6年生]

グループで行う動きの工夫

①曲の構成に合わせて
歌の入っている曲を使用すると、1番と2番は同じ動きを使って様々な隊形で活動ができます。
- 1番は、全員が前を向いて1人で動く。（動き①〜⑫）
- 間奏で4人で輪になり、2番は輪の中心を向いて1番と同じ動きを行う。（動き①〜⑫）
- 曲の最後の繰り返しの部分は、4人で手をつないで、一緒に浮いたりもぐったりする。（動き⑬〜⑯）

②一人一人のアイディアを生かして
4人グループの子どもたちが、1人1つずつ、動きのアイディアを考えてくる。リズム水泳の時間のはじめに、4人グループで練習する時間を取る。グループの中で順番を決め、一人一人が考えてきた動きをグループの全員で練習する。
1番は①〜⑫の動きを全員で行うが、2番はグループで輪になり、教師が笛で合図をする。その合図で一人一人が交代でリーダーになり、リーダーが言った動きを4人全員で行い、いろいろな動きを楽しむ。

1. 動きの名前を大きな声で言って
「さか立ち!」

2. かけ声をかけて
「せえの!」

3. みんなでいっしょに!

動きの例

②1人〜グループで行う動き
曲の後半：浮く、もぐる動きや、少し難しい動きに挑戦して楽しむ。

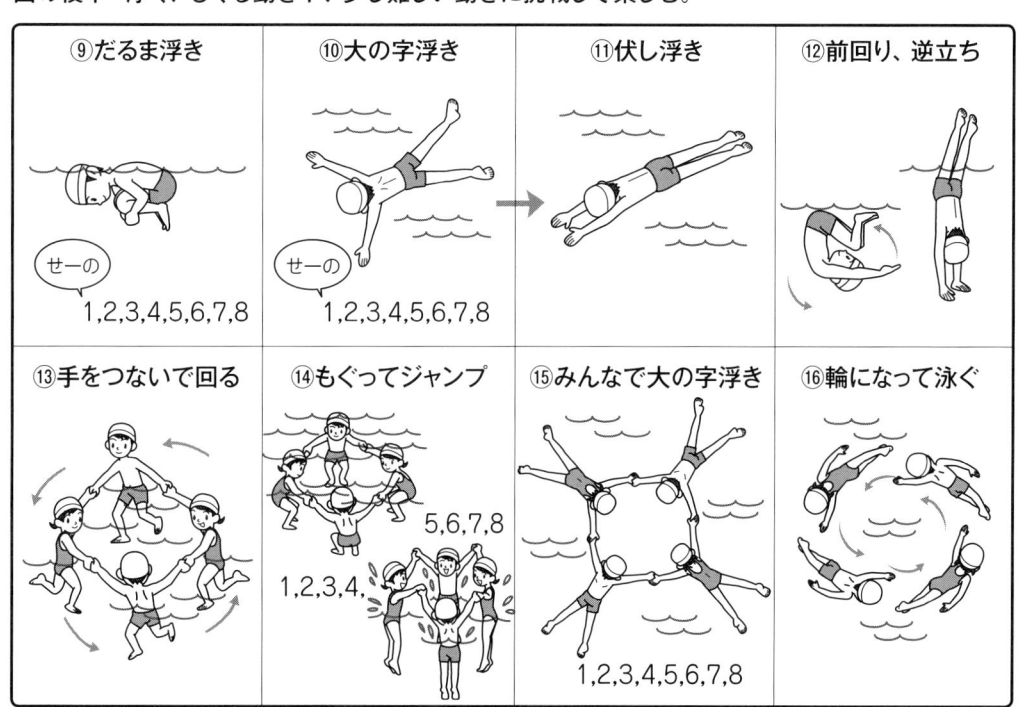

⑨だるま浮き	⑩大の字浮き	⑪伏し浮き	⑫前回り、逆立ち
せーの 1,2,3,4,5,6,7,8	せーの 1,2,3,4,5,6,7,8		
⑬手をつないで回る	⑭もぐってジャンプ	⑮みんなで大の字浮き	⑯輪になって泳ぐ
	5,6,7,8　1,2,3,4,	1,2,3,4,5,6,7,8	

Ⅴ

こんな時は
どのように指導する?

水を恐がる子の指導

🎯 シャワーを恐がる子どもには？

1. 晴れた日の校庭で水遊びをする

「虹だよ〜」「虹が出たわ」

シャワーヘッドを霧状に調整し、虹をつくる。

どっちが水がたくさんたまるかな？

ペットボトルの水をバケツに入れ、どちらがたくさん水がたまるか競争する。

クイズ「何人入れるでしょう？」

「8人はいれた」

ビニールプールを用意し、子どもたちが何人入れるかをクイズにする。

バケツをねらえ！

マヨネーズピストル
ペットボトルピストル

ペットボトルなどの空き容器を用意し、ビニールプールからバケツに向かって水を入れる。

2. プールサイドで水遊びをする

「忍者の修行だ」「エイ!!水なんかこわくない」

バケツの水を手ですくい、子どもたちの肩にかけていく。

2人で修行だ！

子どもたちがペアになり、ペットボトルの空き容器やじょうろなどで水をかける。

水のトンネル

ホースからの水を空高く出し、トンネルをつくる。その中をくぐったり、水を浴びたりする。

歌ってシャワー

♪雨雨ふれふれ母さんが♪

歌いながら水を浴びることで、水を恐がる子もシャワーをいやがらない。

こんな時はどのように指導する？ V

広くて大きいプールを恐がる子どもには？

ばた足ボール送り

「ここまでだよ！」

プールサイドに座り、ばた足でビーチボールを水の中にいる子どもまで送る。

かにさん歩き

プールサイドにつかまり、つたいながら「カニさん歩き」で歩いていく。

先生と手をつないで

教師が子どもと手をつなぎ歩くことで、水に慣れていく。

輪につかまって歩けるかな？

「私が輪を引いてみるから歩いてみて!!」

フラフープの中に子どもが入り、つかまりながら歩く。

みんなで手をつないで

「いい湯だな」
「肩までしゃがもう」

5、6人で手をつなぎ、水の中に肩まで浸かる。

● **動物歩き**

アヒル　「ガアガア」

ゾウ　「ブーランブーラン」

フラミンゴ　「何秒立てるか」

カニ　「チョキチョキヨコヨコ」

カエル　「ケロケロピョンピョン」

● **はないちもんめ**

「○○さん求めてはないちもんめ♪」

● **ロンドン橋**

「ロンドン橋落ちた〜。さあ、どうしましょ♪」

水に浮かない子への指導

🎯 浮くためには？

1. 首と水面は平行：いくらもぐっても、首と水面とが垂直では浮きません。

[壁への跳びつき]
① 繰り返し行い、浮く感覚をつかむ。
② 少しずつ壁からの距離を離す。
③ 少しずつ深く顔を水に浸ける。

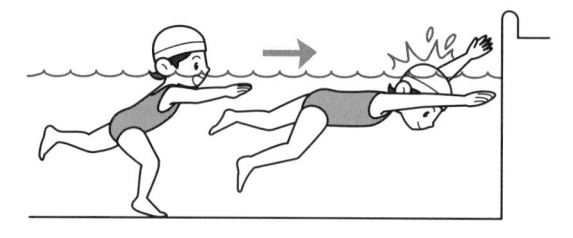

[おでこから水に顔を浸ける「お池にポチャン」]
① 腕で池（円）をつくり、そこにおでこからポチャンと顔を浸ける。
② 大きく息を吸い、顔を浸けている時間を伸ばす。
③ 少しずつ深く顔を浸ける（自然に足が浮く）。
④ 足を脱力したり、片足ずつ離し、浮く感覚をつかむ。

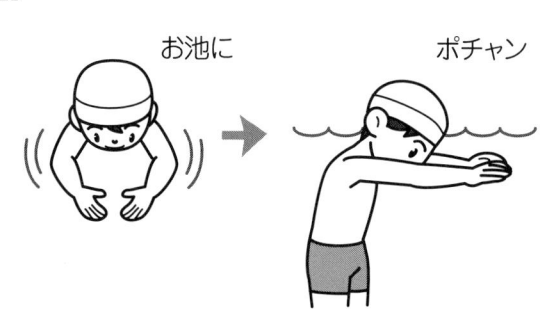

2. 体の力をぬく：スキンシップを大切にし、恐怖心を取り除いてあげる。

[視界を確保する]
　→ゴーグルの着用・背浮き（好みに個人差がある。呼吸が確保できる）

[人が段階的な補助をして浮く・進む]（水を押さえ、膝を引きつけて立つことも教える）
① 補助者の体をつかませ、補助者は体を支える。
② 下から腕や手のひらを支える。少しずつ支えを水の中にしずめていく。
③ 下からの支えの手を握らせ、時々握った手を離すようにさせる。
④ 下からの支えだけで手は握らせず、その手を進行方向に引っ張るように水面に浮かせる。

水泳が苦手な子への指導

泳ぐためには？

1. 浮く・けのびの姿勢：
けのびの姿勢は泳ぎの基本です。水中にもぐり、腰を浮かせるようにし、両足を壁につける。両腕で耳をはさむようにし、両足で壁を蹴る。

　①足の裏やつま先をうまく使って、壁をすばやく強く蹴る。
　②無駄な力が入らずに、浮き上がるように繰り返し行う。

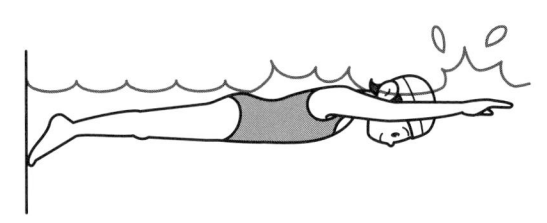

2. 進む：
補助や補助具を使い、ばた足、かえる足、ドルフィンキック等、いろいろ試して進む感覚をつかむことが必要です。泳法にこだわらず楽に進む感覚をつかみます。

3. 呼吸をする：
水中で口や鼻から息を吐く、腕を使って顔を水面に上げることが必要です。

　［バブリング・ボビング］
　　→水中で息を吐く、顔を上げて素早く息を吸う感覚をつかむ

　○補助：前項の段階的な補助を参照
　○歩きながら：吐く意識と水を押さえる感覚
　○補助・補助具
　○1人で：息をしてけのびの姿勢に戻ってから立つ。回数、距離を増やしていく

背浮きの指導

🎯 あおむけで、よく浮く姿勢を覚えよう!

1. ラッコ浮き(ビート板をもって)
肩までしゃがみ、耳まで水に入れて、そっと後ろに倒れるようにする。

⚠ あごを上げ、ビート板におへそをつけるように、胸をそらせると浮きやすい。苦手な子には次項のイラストのような補助をする。

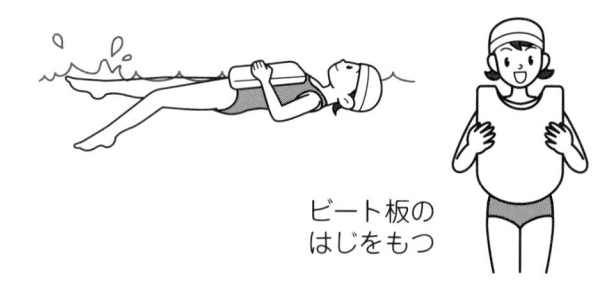

ビート板のはじをもつ

2. 背浮き
真上の空を見るようにあごを上げて、おへそを水面に出すようにする。

⚠ 手で水を少し押したり、軽くばた足をしたりすると、浮きやすくなる。

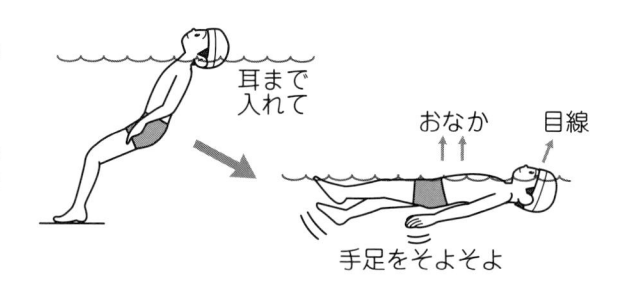

耳まで入れて
おなか　目線
手足をそよそよ

🎯 ばた足で進もう!

1. 補助つき背浮きばた足
壁につかまり、頭や首の後ろをそっともってもらう。手を離しながら、友達に軽く頭を引いてもらう。斜め上に蹴り上げるように、そよそよとばた足をする。

2. 背浮きばた足

⚠ あごを引いていたり、腰が曲がっておしりが落ちていたりすると沈みやすい。
はじめは、鼻から水が入らないように鼻から息を吐き、口から吸うようにする。

スー、ハー
スー、ハー

斜め上に蹴り上げる

背泳ぎの指導

手のかきをつけよう！

1. 補助つき背泳ぎ
友達に頭を軽く引いてもらいながら、片手ずつ交互に、肩の真上に手を伸ばし、体の横に手をかいて進む。友達は、「1（入水）、2ぃ〜い（かく）」と声をかける。

2. 片手ずつ背泳ぎ
水しぶきを立てないように、小指から入水し、手のひらで体の横の水をかく。腕の動きで体が上下するので、それに合わせて「スーハー」とリズムよく呼吸する。

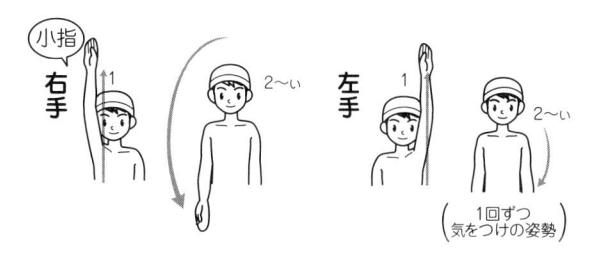

リズムよく手をかいて泳ごう！

1. 背浮きばた足
① 目線は上、頭は耳まで水に入れて、おへそが水面に出るくらい胸をそる。

② 手は、肩の真上に小指から入水し、体の真横をかいておしりの下までかききる。

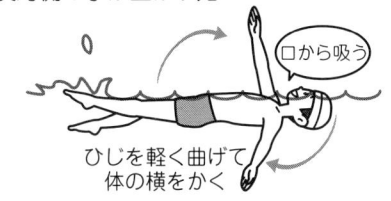

③ 鼻から息を吐き、腕の動きに合わせて「スーハー」とリズムよく呼吸する。

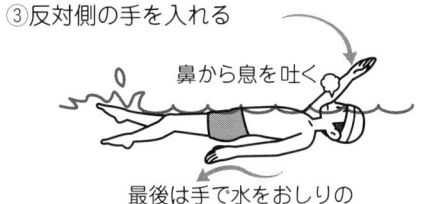

① 片手をまっすぐ上に伸ばす

② 反対側の手が上がり始める
（口から吸う／ひじを軽く曲げて体の横をかく）

③ 反対側の手を入れる
（鼻から息を吐く／最後は手で水をおしりの下に押すように）

スタートの指導（高学年）

学習のねらい
● 水の中からのスタート方法や、立ち位置からのスタートにつながる動きを身に付ける。
● スタートでの安全確保のために、水中で自在に体をコントロールできる方法を身に付ける。

1. 指導時間及び時期

スタートの指導は、それだけで1時間をかける必要はありません。水慣れや、泳法指導の指導の中で、継続的に行うことが大切です。

2. 指導の実際

［壁を蹴ってスタート］

● 水中から壁を蹴ってスタートしてみよう。

頭を水の中に入れる→壁を蹴る→けのびの姿勢で浮き上がる→泳ぐ

［水中で体をコントロール］

① 手首の角度を変えて、浮いたりしずんだりしてみよう。

ア　壁を蹴ったら、手のひらを上に向けて浮き上がる。
イ　壁を蹴ったら、手のひらを下に向けてしずんでみる。

手首の角度で体が浮きしずみすることを体感する。

② 手首の角度を意識しながら、いるか跳びをしてみよう。

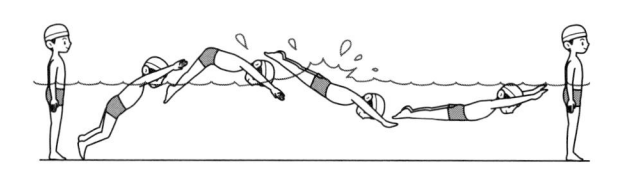

いるか跳びで、入水の角度や手首の角度による浮き上がりを体感する。

水に頭が入ったら、手のひらを上に向けて浮き上がる。

［腰掛けの姿勢から壁を蹴ってスタート］

● プールサイドに腰掛けた姿勢からスタートしてみよう。

※両腕をしっかり伸ばして耳をはさみ、手のひらをやや上に向ける。
※水面を滑るような感じで壁を蹴る。

親指を組んで、腕で三角形をつくる。

こんな時はどのように指導する？ **V**

😊 教師の指示

1. 壁を蹴ってスタート

「水にもぐってから壁を蹴りましょう」→「壁を蹴ったら、両腕を伸ばして耳をはさみ、あごを引いてけのびの姿勢になります」→「手のひらを上に向けて、水面に浮き上がり、泳ぎ始めます」

［悪い例］

⚠ 頭が水中にもぐらないうちに壁を蹴ってしまい、けのびの姿勢を保てない。

2. 手首の角度を変えて

◉ 浮き上がり

「壁を蹴ってスタートしたら、手のひらを上に向けてみよう」

◉ しずみ込み

「壁をけってスタートしたら、手のひらを下に向けてみよう」→「深くもぐってしまったら、すぐに手のひらを上に向けよう」

3. いるか跳び

「耳をはさんで手を伸ばし、おへその方を見ながらやってみよう」→「指先→頭→体→足先の順に水に入ろう」→「水に入ったら、手首を上に向けよう」

4. 腰掛けの姿勢からスタート

「耳をはさんで手を伸ばそう」→「そのまま体を倒して、低い姿勢になろう」→「手の甲を見ながら水面を滑るような感じで壁を蹴ってみよう」

😄 こんなこともやってみよう

ロングボード板を使った滑り込み

立った姿勢から「はいポーズ！」

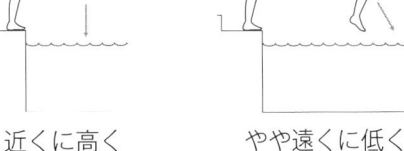

近くに高く 　　やや遠くに低く

着衣泳の指導（中学年）

学習のねらい
- 着衣のまま水に落ちた時の安全確保の方法を身に付ける。
- 身近な物を使って浮き身を保ったり、呼吸を確保する方法を身に付ける。

1. 着衣泳を行うにあたって

①教育課程への位置付け
- 学校行事として年間計画に位置付け、全職員の共通理解のもとに行う。
- 水泳指導の一環として、体育の年間計画に位置付ける。

②保護者への連絡
- 日時、目的、用意する物などを事前に手紙で知らせるとともに、実施について、保護者会等で周知する。

2. 指導の実際

はじめ	[準備運動→シャワー→着衣] ※乾いた衣服で水に落ちる感覚を味わわせるため、シャワー後に服を着る。 [着衣のまま水に落ちたら…] ①着衣のまま水に落ちる感覚を体験する。 ②近くにいる者は助けを求める声を出す。 ③水に落ちたら、あわてず自力ではい上がる。
なか	[着衣のまま水の中で動いてみよう] ①水の中を歩く。〈着衣による抵抗感を味わう〉 〜流れをつくってもよい〜 ②水にもぐったり浮いたりする。〈ボビングで足のつかないところでの呼吸の確保〉 [着衣のまま浮いてみよう（呼吸を確保して、助けを待つ）] ①力をぬいて背浮きで浮く。 　〈衣服に空気を入れて浮きやすくする〉 ②身近な物を利用して浮き、呼吸を確保する。 　〈ペットボトル、ビニール袋、 　　ランドセル、木の板等〉
おわり	[着衣のまま泳いでみよう〈泳ぎやすい泳法は？〉] ①クロールで泳いでみる。→腕が上がらないので泳ぎにくい。 ②平泳ぎで泳いでみる。→顔を上げたまま泳げるので、泳ぎやすい。 [衣服を脱いでみよう〈服は脱いだ方がいいの？〉] ①水中で衣服を脱いでみる。→水の中での脱衣は困難→脱衣はしない。 ※脱いだ衣服は2人組でよく絞り、ビニール袋に入れて持ち帰る。

教師の指示

1. 着衣のまま水に落ちたら…
「前の列の人は、プールに背中を向けて、プールサイドにしゃがみ、後ろの列の人は、前の人の体をそっと押してあげましょう」→「水に落ちた人を見たら、すぐに近くの人に知らせましょう」→「水に落ちたら、自分の力ではい上がってみましょう」

(!) プールを背にして座り、軽く体を押してもらい、背中から水に落ちる。

2. 水に浮いて救助を待つ
「力をぬいて、背浮きで浮いてみましょう」→「服に空気を入れると浮きやすいです」→「プールサイドにいる人は、補助具になる物があったら、投げ入れてあげましょう」→「ペットボトルや木の板、ビニール袋、ランドセルなどにつかまって浮いてみましょう」

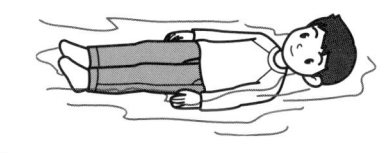

(!) 体の力をぬいて浮く。

3. 泳いでみる
「クロールのばた足は軽く打ちましょう」→「平泳ぎは手を伸ばして、伸びをとって泳ぎましょう」→「クロールと平泳ぎでは、どちらが泳ぎやすかったですか？」

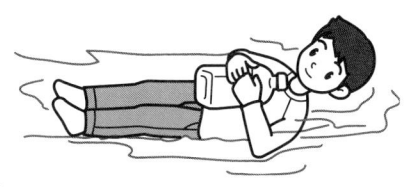

(!) 近くにある浮く物につかまって浮く。

着衣泳の用意

● **家庭で用意してもらう物**
- 水着、衣服（長袖、長ズボンの方が水の重さを体感できます）、くつ（必ず洗ったもの）
- ペットボトル（1ℓ～2ℓ）、ビニール袋（濡れた衣服を持ち帰る）、大きな袋（2枚程度）

● **学校で用意する物**
- 浮き輪、長い棒など、救助で使える物
- ランドセル、バッグ、木の板など、浮き具として使える物

着衣泳のまとめ

①水に落ちたら、あわてずに岸辺に戻る。
②衣服は着たままで脱がない。
③無理に泳がず、浮いて助けを待つ。
④浮く物を利用して体力の消耗を防ぐ。

(!) 救助のために水に入ることは、決して行わないことを徹底する。

着衣泳の指導（高学年）

学習のねらい
- 着衣のまま水に落ちた時の安全確保や、簡単な救助の方法を身に付ける。
- 身近な物を使って浮いたり、着衣のまま続けて泳ぐ方法を身に付ける。

1. 着衣泳を行うにあたって

①教育課程への位置付け
・学校行事として年間計画に位置付け、全職員の共通理解のもとに行う。
・水泳指導の一環として、体育の年間計画に位置付ける。

②保護者への連絡
・日時、目的、用意する物などを事前に手紙で知らせるとともに、実施について、保護者会等で周知する。

2. 指導の実際

はじめ	**[準備運動→シャワー→着衣]** ※乾いた衣服で水に落ちる感覚を味わわせるため、シャワー後に服を着る。 **[着衣のまま水に落ちたら…]** ①着衣のまま水に落ちる感覚を体験する。 ②水に落ちた時、自力ではい上がる練習をする。 ③プールサイドの子どもは、簡単な救助法を体験する。
なか	**[着衣のまま浮いてみよう（呼吸を確保して、助けを待つ）]** ①力をぬいて背浮きで浮く。 　〈エレメンタリーバックストローク〉 ②身近な物を利用して浮き、呼吸を確保する。 　〈ペットボトル、ランドセル、木の板等〉 **[着衣のまま泳いでみよう〈長く続けて泳ぐためには？〉]** ①クロールで泳いでみる。 　→腕が上がらないので泳ぎにくい。 ②平泳ぎで泳いでみる。 　・25mを続けて泳いでみよう。
おわり	**[衣服を脱いでみよう〈服は脱いだ方がいいの？〉]** ①水中で衣服を脱いでみる。→水の中での脱衣は困難→脱衣はしない。 　※靴は、脱げるようだったら脱いだ方が浮き身をとりやすい。 　※脱いだ衣服は2人組でよく絞り、ビニール袋に入れて持ち帰る。

😊 教師の指示

1. 着衣のまま水に落ちたら…

「着衣のまま水に落ちたら、まず自力ではい上がることを試みましょう」→「水に落ちた人を見たら、すぐに近くの人に知らせましょう」→「水に落ちた人を見ても、水に入って助けに行くことは、絶対にしてはいけません」→「浮く物を投げたり、棒や腕を差しのべたりしましょう」

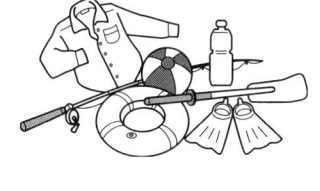

身近にある救助に使える物。

手やタオルを差し出して。　　棒を差しのべて。

2. 水に浮いて救助を待つ

「力をぬいて、背浮きで浮いてみましょう」→「服に空気を入れると浮きやすいです」→「エレメンタリーバックストロークで浮いてみましょう」→「ペットボトルや木の板、ランドセルなどにつかまって浮いてみましょう」

〈エレメンタリーバックストローク〉

両肘を曲げ、足はかえる足。　　力をぬいて浮き身をとる。

3. 泳いでみる

「平泳ぎでゆっくり泳いでみましょう」→「手を伸ばして浮き身をとります。顔は上げたまま、目標をしっかり見て泳ぎます。キックとプルは、体がしずまない程度に無駄な力をぬいて行います」→「疲れたら、背浮きになって休みましょう」→「平泳ぎができない人は、ペットボトルや板など（ビート板）につかまって、軽くばた足で進みましょう」

〈力をぬいた平泳ぎ〉

⚠️ 顔を上げて、腕を伸ばし、十分に浮き身をとる。

😊 着衣泳のまとめ

①水に落ちたら、あわてずに岸辺に戻る。
②衣服は着たままで脱がない（保温の役目もある）。
③無理に泳がず、浮いて助けを待つ。
④浮く物を利用して、体力の消耗を防ぐ。
⑤どうしても泳がなければならない時は、平泳ぎかばた足泳ぎで、無駄な力をぬいて泳ぐ。
（クロールは、濡れた衣服のために腕が上がらない）

⚠️ 救助のために水に入ることは、決して行わないことを徹底する。

編著者・執筆者紹介

[編著者]

後藤　一彦	（ごとう　かずひこ）	（財）日本学校体育研究連合会理事長・東京学芸大学講師
菅原　健次	（すがわら　けんじ）	東京福祉大学教授・前東京都北区立東十条小学校長
古家　眞	（ふるや　まこと）	東京都大田区立小池小学校長

[執筆者]

天野　英幸	（あまの　ひでゆき）	東京都荒川区立赤土小学校
石塚　秀行	（いしづか　ひでゆき）	東京都台東区立蔵前小学校
乙黒　哲也	（おとぐろ　てつや）	東京都江戸川区立東小岩小学校
田口　洋子	（たぐち　ようこ）	東京都板橋区立志村第四小学校
武田千恵子	（たけだ　ちえこ）	東京都足立区立五反野小学校
内木　勉	（ないき　つとむ）	東京都練馬区立石神井台小学校
永瀬　功二	（ながせ　こうじ）	東京都東久留米市立第一小学校
難波　誠二	（なんば　せいじ）	東京都練馬区立高松小学校
西川　幸延	（にしかわ　こうえん）	東京都港区立芝浦小学校
真砂野　裕	（まさの　ゆたか）	東京都昭島市立つつじが丘南小学校
森賀　慎一	（もりが　しんいち）	東京都三鷹市立第五小学校
谷古宇　栄	（やこう　さかえ）	東京都台東区立田原小学校
矢島　洋	（やじま　ひろし）	東京都葛飾区立松上小学校

装　幀＝水戸部　功
イラスト＝原　恵美子

イラストとカードで見る水泳指導のすべて

2009年 4月20日　初版第1刷発行
2018年 6月 9日　初版第9刷発行

編著者──後藤　一彦・菅原　健次・古家　眞
発行者──錦織　圭之介
発行所──東洋館出版社
　　　　　〒113-0021　東京都文京区本駒込5-16-7
　　　　　TEL：03-3823-9206／FAX：03-3823-9208
　　　　　URL：http://www.toyokan.co.jp

印刷製本──藤原印刷株式会社
ISBN978-4-491-02426-4　　Printed in Japan

宙 船（そらふね）
作詞　中島みゆき　　作曲　中島みゆき
©2006 by Yamaha Music Entertainment Holdings,Inc.,JOHNNY COMPANY,INC.&NIPPON TELEVISION MUSIC CORPORATION All Rights Reserved.International Copyright Secured.
㈱ヤマハミュージックエンタテインメントホールディングス　出版許諾番号：18246P
（この楽曲の出版物使用は、㈱ヤマハミュージックエンタテインメントホールディングスが許諾しています。）
掲載頁：104～105頁